JN251248

花見と桜

〈日本的なるもの〉再考

白幡洋三郎

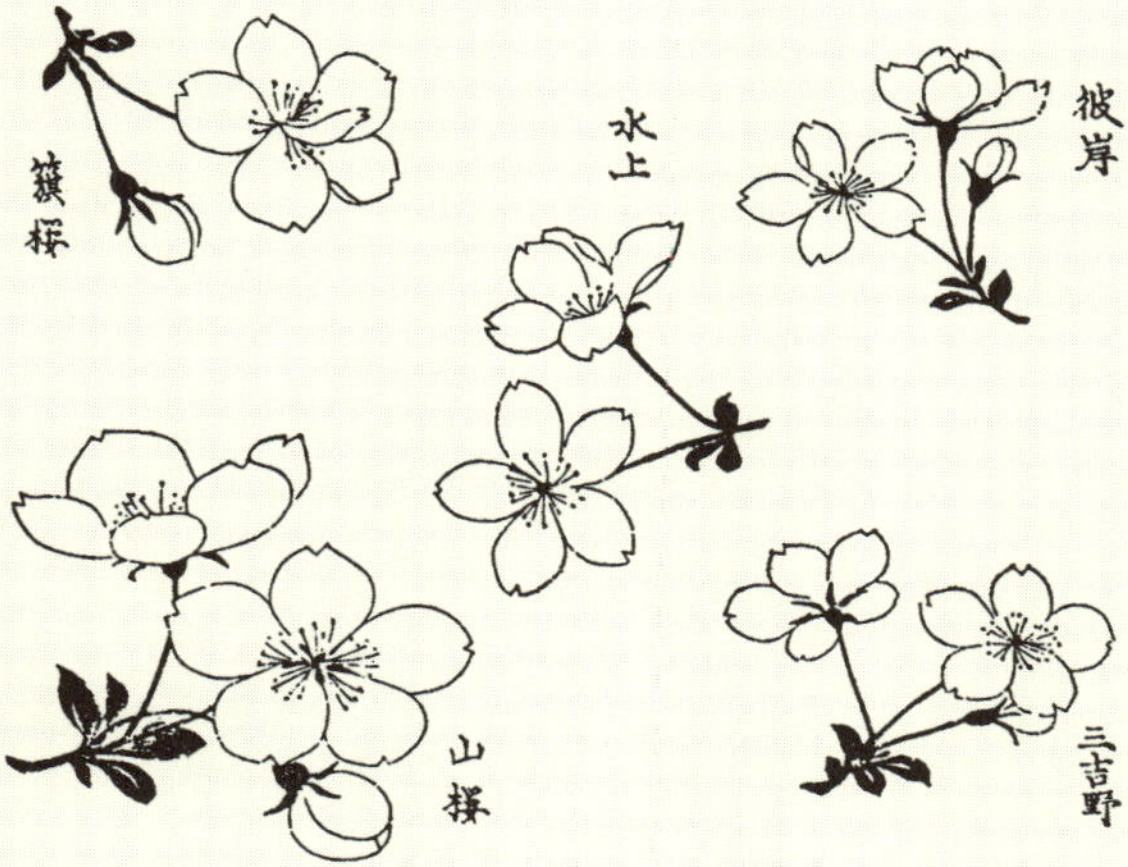

八坂書房

まえがき

花の観賞は世界中で行われている。花好きは世界にたくさんいる。しかし日本と同じような花見をする国があるのだろうか。要するに世界に花見はあるか。問いはきわめて単純であった。

私が初めて海外生活を体験したのは一九七六年。七八年までの二年半を西ドイツで過ごした。それ以来、とりわけヨーロッパ各国の桜を機会あるごとに観察していた。その後、南北アメリカやアジア諸国などについても観察を重ねて、その結果どうも海外には花見の習慣はないようだと見当をつけていた。他方で、自分の体験だけでなく各国の人々に尋ねて得た返答からも、「日本独特の花見」という思いは少しずつ固まっていった。

本書のもとになった旧版『花見と桜』は二〇〇〇年の春に出版された。実際に書き始めたのは出版の前年からであったが、執筆の構想を抱いたのは一九九七年四月から一年間にわたる英国ケンブリッジ大学での研究滞在期間中であった。この研究滞在の主な目的は、別のことにあったが、滞在を三月末からに設定し、桜が咲くシーズンをもれなくカバーして「英国花見事情」をしっかり観察してやろうと計画した。花の愛好家が一杯いて、園芸大国といわれるイギリス。そんなイギリスに花見の習慣がないなら、世界に花見はないという推測は、確かな事実に近づくことになろう、というわけだった。

ガーデニング好き、花好きのイギリス人が、満開の桜並木に立ち止まることもない。それどころか頭上の花にちらりと視線を向けることもなく去って行く人ばかり。また、花の下で食事の包みを開くグループも、樹下に座っている人すらも見なかった。驚くべき情景は本文を読んでいただきたい。

本書では各所で実見した時を記しているが、二〇〇〇年以前の観察をもとにして論じた記述であり、現在とは異なる状況も見られる。当時の雰囲気を生かすため、あえてそのままの表現を残しているところがあるが、読者の了解をお願いしたい。

花見と桜【目次】

地主桜（坂本浩然『桜花譜』より）
江戸後期　国立国会図書館蔵

【各章扉の図】

序　章：歌川広景《江戸名所道戯尽　飛鳥山の花見》安政６年　国立国会図書館蔵
第１章：春野での管弦の遊び《寝覚物語絵巻》部分　平安時代　大和文華館蔵
第２章：醍醐桜会の舞楽《天狗草紙》部分　鎌倉時代　東京国立博物館蔵
第３章：花見用の料理《月次風俗図屏風》部分　室町時代　東京国立博物館蔵
第４章：歌川広重《東都名所 御殿山花見》部分　天保年間　国立国会図書館蔵
第５章：東山での酒宴《花下群舞図屏風》部分　桃山時代　神戸市立博物館蔵
第６章：住吉具慶《観桜図屏風》部分　江戸時代　東京国立博物館蔵
終　章：歌川広重《東都名所 隅田川花盛》部分　天保年間　ボストン美術館蔵

序章

歌川広景《江戸名所道戯尽　飛鳥山の花見》

昨年（一九九九年）久しぶりに上野の花見をした。たいへんな人出だった。

私は例年、円山公園の枝垂れ桜、祇園の夜桜見物に出かけることにしている。さらにもう一カ所は、それまで経験のない新たな花見の場所を必ず訪れることにしている。が、この春は、その後の変化がないかどうか確かめたいとの気持ちがあって、かつて何度か訪れたことのある東京の青山墓地と上野公園の再訪を予定していた。

ちょうど東京都知事選のさなかであり、大勢集まっている上野の花見客は候補者のアピールの恰好のターゲットにされていた。花に花見客が集まり、その花見客に候補者と運動員、取り巻き連が群がって、賑わいをいっそう加速させている感じだった。

新たにカラオケ装置の持ち込みが禁止されたこともあって、雑踏といえるほどのにぎわいながら、喧燥といった感じはない。カラオケ禁止は正確に記すと「発電機使用によるカラオケ・楽器演奏禁止」である。東京都公園緑地事務所、警視庁、上野警察署の連名による立て看板が随所にあり、禁止事項はきちんと守られていた。そのせいか、眉をひそめさせるような見苦しい行為や乱痴気騒ぎ、無礼講という表現にあてはまるような事態にはまったく出くわさなかった。旧黒門付近から清水観音堂の下を通って大噴水に至る道筋の両側、桜並木の下は途切れることなくゴザが敷かれ、花見のグループが円座を組んでいる。私が出かけたのは夕刻から日没にかけての宵の口だった。そのためか、泥酔する人はまだ目につかず、けんか騒ぎなどは一つも目にすることなく、どの集団もじつに楽しそうな雰囲気に浸っている様子だった。ただ花を見て通りすぎるだけの観桜の客も、車座で飲み食い談笑してい

花見客でにぎわう上野公園（2006年4月）

る楽しげなグループの姿を見ていると、自然に顔がほころんでくるらしい。じっさい飲食を伴う集団と、花を見るだけの集団の双方があってこそ、他の行事にはない花見の厚みが感じられるというものだ。

大きなゴミ捨て場が随所に設けられ、「ペットボトル」「生ゴミ」「ビン・カン」と書かれて区別されている。ゴミの分別収集という環境問題を念頭においた新しい時代のルールが入ってきている。こうした時代の変化が、花見にも新しいマナーを要求しているわけだ。こうして花見は、新たな条件を受け容れながら生き続けて行くだろう。花見の意義を説き続けている私としては、花見の将来を心強く感じたのである。

❖花見の三要素——群桜・飲食・群集

花見は日本独特の行事である。と思っていたし、そう語る人もいたから、これは間違いないだろうと、自分の中ではほぼ結論を下していた。しかしこのところ、その思いがもっと強くなって、花見は世界中で日本にしかない、とほとんど確信するに至っている。

「桜の花は、世界中で見かける。日本にしか咲いていないわけではない」。こう反論する人がいるだろう。また、「桜の花見をしないとしても、各国にはいろいろな花があり、それぞれ好みによって観賞は行われている」。こんな意見も出るはずだ。いずれももっともだが、私が問題にしているのは、それとは違う。桜が生育しているか、花の観賞が存在するかではない。きれいな花を咲かせる植物が存在すれば、観賞という行為が生まれても不思議ではない。だが、ここで言っているのは「花見」があるかどうかである。

花を愛でる心情、観賞する行為と私の言う「花見」との違いを説明しよう。

単刀直入、私の言う花見とは、「群桜《ぐんおう》」「飲食」「群集」の三つの要素が備わったものである。この三要素があってはじめて花見が成立する、というのが私の考えである。一本数本の桜ではない群れ咲く桜であること。たんに花を見るだけではなく飲食を伴っていること。一人二人ではなく大勢の人出があること。これらが満たされたものが日本の花見である。こう考えると、世界には花見がないというほかなくなる。

この考えをだめ押し風に確信したのは、一九九七年、イギリスに滞在した時だった。四月から翌一九九八年二月まで、ケンブリッジで過ごした私は、あの植物好きで園芸愛好家のイギリス人が、花を愛でながらも「花見」は一切しないと結論を下したのである。花の下で飲み物や食べ物を広げ、仲間と共に時間を過ごす。日本人がやるような、そんな習慣をイギリス人は一切もっていない。

ヨーロッパでは、日本の花見にあたるような屋外での楽しみ方は、どうやらどこにも見られない。かつて一九七五年から七七年にかけて、二年半の間過ごしたドイツで、そう感じたのが最初である。

一九七六、七七年の春を含め、ドイツの春は四度体験した。ドイツにも桜は咲く。町なかに咲いている桜を、ドイツ人は「日本桜（Japanische Kirsch）」と呼ぶ。それは実がならない、花だけの桜である。

他方、ヨーロッパの桜は、サクランボのなる桜である。植物学上の和名はセイヨウミザクラ。一般の人は、実がならないのを「日本桜」と呼んで区別しているわけだ。

その日本桜がいかに見事に咲き誇っていても、群がって観賞する人もいなければ、花の下で弁当を広げる人もない。通りすがりに顔を上に向けて眺める人もほとんどおらず、立ち止まって見回すような人は一人もいない。花屋の店先はにぎわっており、花束を買い求めて行く人は多い。けれども、町中の随所に咲いている桜の花を「愛《め》で」ているような人は見かけない。

ドイツ人は、花見どころか桜の花の観賞すらまだ「開発」していない、と考えることもできる。しかしフランスも同じなのか、スペインやイタリアでは？　そして、あの園芸愛好家の国イギリスではどうだろう。チューリップの国オランダではどうか。それをこの目で確かめてみなければ、断定はできない。

一九七五年以来、ヨーロッパには三〇回以上訪れる機会をもった。一週間程度のこともあれば、数カ月の滞在もあった。季節も春夏秋冬にわたる。地域としても北欧、南欧、東欧、ほとんど回った。とくに春に訪れるときは、花見が行われていないか確かめようと公園や郊外の自然の豊かな場所へ、つとめて出かけるようにした。森を散歩している人はいる。緑の草原で昼食のサンドイッチをほおばるピクニックはある。だが、「花見」は一切ない！　私の経験の範囲で言えば、ヨーロッパには花見はない！

ヨーロッパの他、北米、中近東、東南アジア、中国、オーストラリアも訪れた。どこにも花見がない。もうこれ以上私の目で確かめる必要は、ほとんどないだろうと感じはじめた。そして、イギリス滞在は、自分の体験の範囲で確信をもって言いきるための最後のだめ押しのようなものだった。そして今こそはっきり言える。

体験からいうと、花見は日本以外にはない。

❖花見は日本独特の行事

日本文化にはさまざまなものがあるだろう。花とのつき合い方、花の楽しみ方もその一つである。そこには日本独特のものがあるからだ。花見は日本独特のものだと言う人はこれまでにもいた。そうは思うが、確信をもって断言できないからこそ、長い間各国を訪れては、注意して観察を続けたのだ。では体験の範囲を越えても、花見は日本独特だと言い切れるか。というわけで、職場が国際日本文化研究センターに移ってからは、各国から来る日本研究者に、次のように尋ねるようになった。

「あなたの国では花見をしますか?」

ドイツ、ポーランド、チェコ、イギリス、アメリカ、インド、エジプト、韓国、中国、ベトナムなどなど、各国から訪れる研究者に尋ねてみると、どの国の人も、まずちょっと考え込んでから「日本のお花見にあたるようなものはありません」と答える。そこで、私はたたみかけるように「ほんとうにありませんか?」「何か花が咲くのをきっかけに、外に出かけたり、お祭りをするようなことはありませんか?」と尋ねる。

すると、「そういえば、ドイツのある地方では、春にスミレの咲くところにピクニックに出かけます」とか「インドでは、ある花が咲く頃に、よく散歩に出かける」などという答えが返ってきた。

しかし私がさらに「そんなとき、大勢が車座になってご馳走を広げ、唄を歌って酒盛りをしますか?」「一カ所に何百人何千人もの人出がありますか?」と突っ込むと、「そんなことは起こらない」「そんな人出は見られない」という答えが返ってくる。

結局、各国いずれの人も、最後には、日本の花見にあたるようなものは、自分の国にはない、という結論になる。私の経験をひっくり返すような証言は、まったく得られなかった。どうやら花見は、私の体験の範囲をこえても、日本独特の行事であると言って間違いないようだ。

❖三要素はいつ備わったか

さて、日本にしかない花見が、私の言うような三要素を備えたのはいつ頃だろうか。かつては多様な「花」見があった。桜のほか、梅・桃・桜草・山吹・藤・躑躅《つつじ》・牡丹・萩・菊など、四季折々の代表的な花はすべて、広い意味での「花」見の対象だった。花見の「花」が、桜を指すようになるのはいったいいつ頃か。本居宣長は『玉勝間《たまかつま》』(十八世紀末)の中で次のように書いている。

「ただ花といひて桜のことにするは、古今集のころまでは聞こえぬことなり……」

つまり、花と言って桜を指すようになったのは平安中期以降であるという。日本の古典の中から、花に関する記述を取りあげて考察すると、たしかに『古今集』から桜を詠んだ歌が増えるということはできる。

数え方にもよるが、奈良時代に編まれた『万葉集』には梅を詠んだ歌が一〇〇首前後あるのに対し、桜を詠んだ歌はおよそその三分の一くらいである。ところが『古今集』ではその位置が逆転し、断然桜が多くなる。しかも前後関係から考えて、桜を詠んでいると思われるものがただ「花」と表現されていることが多いのである。本居宣長は古典についての教養から、この感じをつかんでいたのだろう。

いっぽう唐代の中国の詩文には、圧倒的に梅が多く現れる。その影響で、外来植物である梅が、奈良朝の貴族にとっては、花を代表するものだったようだ。それが平安朝に至り、梅に代わって桜の花見が、貴族の重要な行事になる。歌に詠まれる花も、桜が多くを占めるようになる。つまり貴族文化においては、奈良朝から平安朝にかけて、春の花見の対象は梅から桜へと重心が移行する。

❖貴族文化と農民文化の融合

いっぽう農民の間では、古くから花の咲き始める頃に、飲食物を携えて近くの丘や山に登り、一日を過ごす行事があった。民俗学で「春山入り」とか「春山行き」などと総称されるものである。冬を支配していた神を山に送り帰し、春の芽吹きをもたらす田の神を迎える宗教行事だとする解釈が行われてきた。また同時に、桜の咲き具合によって稲の出来具合を占う農事であるとも考えられてきた。この当否は完全には決着がつかないが、桜の花が重要な鍵を握っているといえる。

このように花見には、大きく分けると貴族文化的な要素と農民文化的な要素の双方が入っている。農耕儀礼から切り離され、貴族的な公式行事からも離脱して、それ自体を楽しむ独立した娯楽としての花見が生まれるのは中世である。その後、唯一の都市であったといえる京都で、郊外の花見が富裕な階層に広まる。さらにそれが大衆化して、多くの人々にとっての娯楽の年中行事になるのは江戸時代である。

貴族文化と農民文化の二つが、元禄期の都市文化の形成と結びついて大衆化したものが、現在につながる花見であろう。そしてしばらくのちの享保期(十八世紀はじめ)に、それが庶民層の楽しみとして、消費都市の性格が著しい江戸から定着する。都市政策を意識的に始めた将軍吉宗の時代――すなわち元禄期に比べてやや景気後退期にあたり、生活の見直しに目配りが始まった時期と、花見の普及の時期とが一致する。ちょうど現在の日本を思わせるような時代が享保期だった。

とくに江戸で大衆化が著しかった花見は、都市周辺部、つまり都市と農村との接点で開花した。享保期に開発された花見の名所――向島、飛鳥山、御殿山などはみな江戸の周辺部であった。そんな事情からも、花見は長い日本の歴史を背負い、都市の貴族的な文化と農村の農民文化とを背景にした行事であることがうかがえる。

❖「桜」論ではない「花見」論

私は日本文化を考える際に「桜」ではなく「花見」に注目したいと思っている。なぜなら桜についての発言は、往々にしてイデオロギー的に日本を語る姿勢とつながっていたと感じるからだ。桜は大和魂や武士道などと結びつけられ、精神誌の観点から言及されることが少なくなかった。桜は、しばしば日本人の精神性を説明するキーワードとされてきたのである。

だが、日本文化を考える際に、桜が生みだす大衆的な行動である花見をとりあげると、宴や社交など日本人の社会性、集団行動を問題にせざるを得ない。社会性や集団行動には、時代による変化がみられる。その変遷をきちんとあとづける作業が必要になってくる。

私が探りたいと思っているのは、桜に投影される個々の精神ではなく、花見という行動に映し出される集団の精神なのである。その作業を通じて、もし変化しない核のようなものが見つかれば、そこにこそまとまりとしての日本文化が見いだせるのではないか。そう考えているのである。

だから、本書は「桜」論ではなく「花見」論になる。

芝山桜（坂本浩然『桜花譜』より）
江戸後期　国立国会図書館蔵

第Ⅰ章 「花見」論へ

「桜」の民俗学を超えて

春野での管弦の遊び《寝覚物語絵巻》部分 平安時代

一、「桜」の語源

❖無批判に流布される「サ・クラ」説

花見の「花」はずいぶん早くから、桜の花で代表されてきた。もっとも強く人の心を揺さぶり、もっとも人出の多いのが、桜の花の花見だからだ。そこでそのように人の心を深くつかむ由縁を、桜の「花」に求めようとする考えが当然生まれた。桜は春先、人間にとって戸外生活が心地よく感じられる陽気が来ると同時に咲く。しかもいっせいに咲く、枝一面が花でおおわれる、さらにいっせいに散る。桜に備わっている属性は、いかにも人の心を動かしそうなものだ。そこで、桜に投影された人間の心意を探る試みが、民俗学などの世界を中心に行われてきた。心動かされる理由を、長年にわたって人々が尋ね求めたのもじゅうぶんわかる気がする。

花見が日本のユニークな行事である理由を分析して、そのもっとも根源にあるものを探ろうとする試みがなされてはきた。しかしその試みはいつも桜の花にしか向かわなかった。花見はたとえさまざまな要素が渾然一体となっている行動であったとしても、それを微分してゆけば、桜という花に行き着くというわけである。極論すれば、日本の花見は桜の花びら一枚で説明がつく。これを花見の根源を探る微分法的研究姿勢と名づけられるだろう。桜の語源説は、この姿勢から生まれたものである。

現在もっとも広く認知され、一般に流布している桜の語源説は、「サ・クラ」説だ。この説によれば、サは穀霊であり、クラは「座」すなわち神が依りつく所を意味する。したがって「サクラ」は、「穀霊の依りつく神の座」をあらわすとされる。稲作農耕と結びついた人々の観念が、春先に咲き誇る一植物に「サクラ」の名を与えたと見るのである。桜を論じる植物学者から、民俗学者、歴史学者に至るまで、研究者のあいだでは現在この「サ・クラ」説が圧倒的優位を誇っているようだ。「サ・クラ」説を容認しておけば桜の歴史や民俗を論じる知的通行手形になり、学者たる身分を問われないといった気配すら感じられる。

江戸っ子研究の第一人者であった西山松之助は、花を契機につくりあげられる江戸町人の文化があることに注目し、日本文化形成に果たす花の役割を、江戸以外の時代にも視野を広げて探究した。その桜の解釈は次のようだった。

水田耕作をするようになった日本人は、春がめぐって来て、やがて籾蒔き、田植えの時期を迎える前、まず山に咲き出る鮮やかな花を田の神の降臨のしるしとみたのである。

「さくら」の「さ」は田の神の意、「くら」はその依りつくところ、つまり「さくら」は田の神がそこに示顕した、ということである。だから東北の秋田県では、今でも春にまず咲く鮮やかな白い花「こぶし」のことを「さくら」と呼んでいる地方がある。

以上のような西山松之助説とほとんど同じ解釈が広く流布している。代表的なものの一つが、民俗学者和歌森太郎の次のような説である。

民俗学では、サツキ（五月）のサ、サナエ（早苗）のサ、サオトメ（早乙女）のサはすべて稲田の神霊を指すと解されている。田植えじまいの行事が、サアガリ、サノボリ、訛ってサナブリといわれるのも、田の神が田から山にあがり昇天する祭りとしての行事だからと考えられる。田植えは、農事である以上に、サの神の祭りを中心にした神事なのであった。そうした、田植え月である五月に際立って現れるサという言葉がサクラのサと通じるのではないかとも思う。

クラとは、古語で、神霊が依り鎮まる座を意味したものであろう。イワクラ（磐座）やタカミクラ（高御座）などの例がある。秋田県下に著しい子供の行事のカマクラも、神クラの転訛である。あの雪室そのものが、水神などの座とされてきたのである。

こうしたサとクラとの原義から思うと、桜は、農民にとって、いや古代の日本人のすべてにとって、もともとは稲穀の神霊の依る花とされたのかもしれない。

（『花と日本人』）

和歌森太郎がこれを書いていたのは一九七二年の春頃のことである。そのあとがきで、西山松之助の『花――美への行動と日本文化』を参考にしたことを記している。が、サクラの語源説を借用したとは書いていない。西山松之助と和歌森太郎のどちらが先にこの説をとなえたかははっきりしないけれども両者がほとんど歩調を合わせて「サ・クラ」説を採用していることは注目しておいていい。そしてそれぞれ江戸文化研究、民俗学研究で名高い二人が語る桜の語源説は、その後ほとんどの人の常識のようになっていった。

❖桜の花は稲の実りを占うもの？

斎藤正二（『日本人とサクラ』）は、サ・クラ説に対して、ほとんど誰もが歩調を合わせている事態が大変いかがわしい、と述べている。たしかに、ほとんどすべてがこの論調だから、逆に不安にもなる。斎藤正二は、この説の淵源を折口信夫《おりぐちしのぶ》（一八八七〜一九五三年）の「花の話」（『古代研究一―民俗学編第一』）に求めている。

結論からいうと折口信夫は、桜の花は稲の実りを占うものだったと考える。いいかえれば桜の花には、稲作の豊・凶に対する神意があらわれるとの見方があったとするのである。

考へて見ると、奈良朝の歌は、桜の花を賞めて居ない。観賞用ではなく、寧《むしろ》、実用的のもの、即《すなはち》、占ひの為に植ゑたのであつた。

（折口信夫「花の話」）

そしてその例証として、『万葉集』（巻八）に載る次の二つの歌を挙げる。

藤原朝臣広嗣《ひろつぐ》、桜の花を娘子《をとめ》に贈れる歌一首

此花の一弁《ひとよ》のうちに百種《ももくさ》の言《こと》ぞ隠《こも》れるおほろかにすな　（一四五六）

（この花の花びら一枚の中に私の言いたい多くの言葉がこもっているのです。おろそかにしないで下さい）

娘子の和《こた》ふる歌一首

此花の一弁《ひとよ》のうちは百種の言《こと》持ちかねて折らえけらずや　（一四五七）

（この花の一弁のうちにあまりにもたくさんの言葉が込められているので支えきれず、折れてしまったのではありませんか）

（岩波文庫『万葉集』（上））

前の歌は藤原広嗣《ふじわらのひろつぐ》がある女に与えたもので、おそらく桜の枝にこの歌をつけて遣ったのだろうと考えられている。あとの歌はその返歌である。

折口信夫は、この二つの歌からも、奈良時代には「花が一種の暗示の効果を持つて詠まれて居ることがわかる」という。もし「桜の花に絡んだ習慣がなかつたとしたら、此歌は出来なかつたはずである。其歌に暗示が含まれたのは、桜の花が暗示の意味を有して居たからである」。これが折口信夫の簡潔な結論だった。

もっとも、この歌の中の「一弁《ひとよ》（一枚の花弁）」は、その後の研究では「一枝《ひとえ》（一本の枝）」と解する方向に傾いている（岩波『日本古典文学大系』、小学館『日本古典文学全集』、『新潮日本古典集成』など）。だが、わずか一枚の花びらに思いを込めている歌だと解する方が、桜の精神性を強調して語るには都合がよい。どうもそうした意図的な選択があったといえそうだ。しかし「一弁」であっても「一枝」であっても、桜がもっていた「暗示の意味」や「桜の花に絡んだ習慣」があったことは想像できるから、折口の説の根本的な否定にはならない。

ただし、折口信夫は、明確に「サ・クラ」説を唱えているわけではないことは指摘しておかねばならない。けれども、折口がサクラに穀霊を見ているのは間違いないのである。だから、一年の生産の前触れとして、桜の咲き具合に関心が集まり、早く散るのをきらったとするのである。

花が散ると、前兆が悪いものとして、桜の花でも早く散ってくれるのを迷惑とした。其心持ちが、段々変化して行つて、桜の花が散らない事を欲する努力になつて行くのである。桜の花の散るのが惜しまれたのは其為である。

平安朝になつて文学的態度が現れて来ると、花が美しいから、散るのを惜しむ事になつて来る。けれども、実は、かう云ふ処に、其基礎があつたのである。

（折口信夫「花の話」）

そして折口信夫はまた、花鎮めの祭りも、平安朝から著しくなってきたという。だが、桜は暗示や予兆の意味を持っているのだから、桜がまだ文学的態度では見られなかったと折口がいう平安朝以前の時代にも、花鎮めがあってよいはずだ。なぜ平安朝になってから著しくなるのか説得的ではない。

花鎮めの祭りが盛んになるまでに時間がかかったと考えることもちろん可能ではある。この点での折口説の矛盾をついたり、詮索をしたりすることは「サ・クラ」説を論じる上で必要ではない。大事なのは折口信夫が、桜は実りの予兆であり暗示の意味を有しているため重んぜられた、と見た点である。桜は稲の霊だ、と直接言及してはいないものの、稲作儀礼と結びつく植物だと折口は考えたのであった。

❖「サ・クラ」説を最初に唱えたのはだれか

折口信夫のこの説の上に、多くの民俗学者が桜の意味と語源を考えた。斎藤正二は、誰が「サ＝穀霊」「クラ＝神座」説を言い出したのか不明だが、一九六〇年代になって学会を席捲しはじめたとの印象を述べている。

花と日本人のかかわりを広く探った『花と日本人』（一九七五年）の著者和歌森太郎は、これをはるかにさかのぼる『日本民俗論』（一九五一年）で「サ」を、のちの論と同じようにサナエやサオトメなどと関連づけて「田の神」を指す言葉だと述べている。しかしこの時期にはまだ「クラ」をつなげて、桜の語源を解明することはしていない。だが早くに「サ」を「田の神」と解し、しかも花の民俗に深い関心を持っていた和歌森太郎は、「サ・クラ」説の発端に位置する有力な一人ではないか。しかし、これは推測の域を出ない。

万葉学者の桜井満は『万葉人の憧憬』（一九六六年）のなかで、「サは田神、穀霊の名、クラは神座としての意義」と述べており、万葉人の世界での桜の受け止め方を「サ・クラ」説で説明している。「サ＝田の神」「クラ＝神座」説の最初は桜井満かもしれない。

桜井満は『節供の古典』（一九九三年）で、サクラは「サ（穀霊）・クラ（神座）」すなわち穀霊の依代であるという自分の説が斎藤正二に批判されているとはっきり書いている。したがって最初の主唱者は桜井満の可能性がある。和歌森太郎が「サ・クラ」説をもし先に唱えていたとしても、一九五一年以降のことだといえるだろう。

❖一三種ある桜の語源説

桜の語源説は、「サ・クラ」以外に数多くある。『日本国語大辞典』（小学館）が掲げるものは一三種。「サキムラガル（咲き群がる）が約された」「サキウラ（咲麗）が約された」「サクウルハシギ（咲麗如木）という意味」「サキハヤ（咲光映）が約され転じた」「樹皮が横に裂けるのでサクル（裂）が転じた」「サケヒラク（割開）の略」「咲くと花曇りになるところからサキクモルの意味」「サクワウ（開王）が転じた」など、じつにさまざまだ。語源説それぞれの真偽を確かめるのは私の能力をはるかに超える。ちょっとした吟味すら大変な作業を要すると思われる上、決着はたぶんつかないだろう。しかも私がめざしているのは桜論ではなく花見論であるから、語源に関する各説の真偽判定は目的ではない。そこでもう少しだけ桜の語源説につきあって終わりにしたい。

『日本国語大辞典』が紹介している桜の語源説のなかで唯一、「サ・ク・ラ」の三つで構成されている言葉だとする一説がある。この説は「花の中で殊にすぐれているところから、サはするどくあらわれた様、クはわかれた様、ラはひらく様の意」であるという。私にはこの説の真偽も、もちろん判断がつかない。

これを除くと、大きく分けて、先に紹介した「サ・クラ」説と「サク・ラ」説とがある。そして数の上では、「咲《さ》く」や「割《さ》く」という動詞をもとに考える「サク・ラ」説の方が多いのである。『日本国語大辞典』では一三ある語源説の最後に「サ・クラ」説が掲げられている。最後に掲げられているのは、一番あとにあらわれたものであることのほかにこれが現在もっとも有力であるとの判断が示されているのだろう。そしてもう一つの、これまで長く有力な説であった、「コノハナノサクヤビメ」にまつわる説が第一番目に掲げられている。

これは桜の霊である「木花之開耶姫《このはなのさくやびめ》(木花之佐久夜毘売)」の「さくや」が「さくら」に転じたとの説である。戦前の有力な桜のスポークスマンの一人だった山田孝雄《よしお》(一八七五〜一九五八年)はこの説を採っていた(『櫻史』一九四一年)。「さくや」の転訛説は、江戸中期に編纂された辞書である『和訓栞《わくんのしおり》』にあらわれるし、本居宣長が『古事記伝』のなかで述べている説でもある。この二つはほぼ同時代に書かれていたものであり、その前後関係はその道の専門家に任せたいが、この説が江戸中期の一七七〇年代以降、ずっと有力であったことがわかる。

ここまでで考察してきたように、桜の語源は諸説入り乱れているが、学界で安心して発言できる説は、ほとんど「サ・クラ」説に一本化されている。けれどもこの説も確かだとはいえない。繰り返し述べているように「サクラ」だけを詮索しても「花見」の精神誌には近づかないことだけははっきりしている。

花見論ではない桜論は、これまでずいぶん日本人の精神世界の説明に用いられてきた。影響力はずいぶんあったと思うが、よろこばしい方向に行ったとは思えないものがある。それらをいくつか取り上げて、桜論の問題点を考えてみよう。

二、なぜ桜は精神主義と結びつけられたか

❖大和魂とは無関係な本居宣長の桜観

本居宣長が詠んだ歌、

敷島の大和心を人問はば朝日に匂ふ山桜花

も、近代になって武士身分が解体してから、より一層強く武士道と結びつけられた。「大和心」を「大和魂」と無理やり結びつけたのは、戦前の一九四〇年代であり、そのゆがんだ影響はこのような歌を受けとめる姿勢をもいまだにゆがめている。軍国主義下で極端な意味をもつことになった「大和魂」の影響は現代にも及んでいるのである。たとえば小川和佑は「つまり、日本の精神はさくら、それもヤマザクラに具現されるという歌なのだ。イデオロギーの歌である」（『桜誌』）と断定している。小川の言葉はまったく世間の通説を追認しているだけだ。

じっさいは、本居宣長の桜観は違ったものだった。

花はさくら、桜は、山桜の、葉赤くてりて、ほそきが、まばらにまじりて、花しげく咲きたるは、またたぐふべき物もなく、うき世のものとも思はれず。

（『玉勝間』）

をこのますなおに読めば（いや、どうひねくれて読んでも）本居宣長がいったのは、桜の花への率直な感動でしかない。

「花は桜が殊にすばらしいが、その中でも山桜の新葉が赤くあらわれて、なかには細い葉もあり、そこに花がたくさん咲いているのはこの世のものとは思えないほど美しい」ということだ。「敷島の……」の歌も「日本人の心がどんなものかと問われたら、朝日に映える山桜の花を、ああ美しいと感動する心だ」といったくらいの意味になるだろう。もちろんそれだけではない奥行きをもつ歌だから、より広い情緒的な解釈も生まれたわけだが……。それにしても本居宣長が存命していた当時から、この歌の意味を拡大解釈する向きがあったようだ。

本居宣長と桜（本居宣長44歳像、本居宣長記念館蔵）

本居宣長の門人であり、養嗣子でもあった本居大平《おおひら》（一七五六～一八三三年）は、歌人伴信友の問いに答えて、「朝日に匂ふ山桜花の御歌、おほよそに感吟仕候て本意なく候、お諭《さと》し下されたく候。うるはしきよしなりと先師いひ置かれたり」と書簡を送っている。要するに――世に「感吟」されている仕方は、自分の本意ではないと、はっきりさせておいて欲しい。（私があの歌を詠んだのは）美しいとの理由からだ、と宣長先生はおっしゃった――との証言である。きわめて素朴で率直な感動表現が、ねじ曲げられ、曲解を重ねられて、精神的な桜観を増殖、再生産させていった。

❖山田孝雄による通俗的桜観批判

また「花は桜木、人は武士」も広く人口に膾炙《かいしゃ》した表現だが、これは『仮名手本忠臣蔵』を通じて広まったものという。この言葉の意味は、「花は桜を第一とするということと、武士は四民の第一だということをたとえたまでのもので、桜が武士と同じだということではないと思う」。こういいきったのは、国語学者の山田孝雄だった（『櫻史』）。

先に述べた本居宣長の歌の解釈についても、問題提起したのは山田孝雄であった。山田孝雄の『櫻史』は一九四一年、真珠湾攻撃、太平洋戦争開始の数カ月前、五月に出版されている。このような時期に山田孝雄は、さくらを武士道や大和魂と安易に結びつける論に堂々たる批判を展開している。

じつは私の桜に対する知識もずいぶんこの『櫻史』に負うている。斎藤正二も山田孝雄の『櫻史』を手がかりに桜イデオロギー批判を進めており、桜の文化史に関心を持つ人に、今も躊躇なくおすすめできるのがこの『櫻史』である。文献の探索も広く、精緻であり、論理性を重んじながらも情緒性を無視するのではなく、しかし時代の気分に流されず、自分の判断を積み重ねてゆこうとしている。斎藤正二は、ところどころ古くなったデータがあるとは言いつつも、この本の価値をきわめて高く評価している。私はデータの古さなどほとんどカバーして余りあるほど、今も命を保っている本であると斎藤よりもっと高く『櫻史』を評価する。桜の文化史では、この本を超える成果はいまだに出ていないと言っていいほどだ。

山田孝雄は、みずからの桜観を賀茂真淵の歌に託してこう語る。

> 桜はやっぱり賀茂真淵の「うらうらとのどけき春の心よりにほひ出でたる山桜花」といふのが、日本人の魂にやどる桜の本体であろう。
> （『櫻史』）

これが山田孝雄の感じる桜であり、また国語学者として文献から歴史的にもたどれる日本人の桜観だというのである。春をのどかに感じ、そして桜もまた、そのようなうららかな感じで咲きでていると（私は）感じる――これが自分の心に照らして正直な感想だというのである。

こう書いた山田孝雄は、当時よく読まれていたケーベルの考えに強い違和感をもった。「近頃或る事で欧人の文の訳だといふ次の文を見た。それは」といって、次のケーベルの文章を引いている。

> 桜の花の頃こそ日本人を観察すべき時である。これその牧歌的哀歌的なる天性の最も明《あきら》かに現れる季節だからである。日本の国民的花は、堅い、硬《こわ》ばった、魂なき、凋《しぼ》むを知らざる菊ではない、絹の如く、柔《にこや》かなる華奢《きゃしゃ》なる芳香馥郁《ほうこうふくいく》たる短命な桜花こそ実にその象徴である。日本人はこの美しき花の束の間にしぼみさうして散りゆくその中に、わが生《せい》の無常迅速《じんそく》の譬喩《ひゆ》と、我が美と

青春との果敢《はか》なきを見るのである。桜の花を眺めているとき、春のただ中《なか》に秋の気分が彼の胸に忍び入る。

（ケーベル、『櫻史』中の引用）

❖花そのものに悲哀は宿っていない

これに対して山田孝雄は反発を覚えた。「日本人が桜を愛することは果してかやうな精神によるのであらうか」。こう問いを発する。そして「桜に関する歌は古来甚だ多い。又桜に関しては古来多くの人がさまざまの感想を写している。それ故に、この某氏の言に似たこと、又この外人に似たやうな言を吐いた人は全く無いのではない」としながらも、感傷的に見るのが日本人の桜への愛であろうか、桜はそんな精神によって愛されているのだろうかと問う。

そもそも桜そのものに悲哀が宿っているわけではないだろう。というわけで蕉門十哲の一人、支考の句「歌書よりも軍書に悲し吉野山」をあげて、吉野山を語るものには、たしかに感傷的な詩歌が少なくないけれども、それは花そのものに悲哀が宿っているからではないとする。吉野朝の悲劇的史実を、絢爛たる桜に対比させたとき、いっそうの悲哀が感じられるからに他ならない。花そのものの本質から悲哀が生まれるのではないと山田孝雄は述べるのである。そうして彼が挙げたのが、桜に対して、花見には人のいう感傷性がみられない点であった。

桜の花盛りになると近世の日本人は花見といふことを催す。この花見には上にあげた人々のいふやうな点（潔く散るといった感傷的な桜観―筆者注）が少しも無いのはどうしたものであるか。しかもこれは近世だけでは無い。室町時代の謡曲にあらはれた花にしても又その前から連歌を花の下《もと》に催したことにしても、更に溯《さかのぼ》って、鎌倉時代から平安時代にかけても同様である。遠く花を尋ねては桜狩を催し、近く庭の花を愛しては花の宴を催した。源氏物語には巻の名にさえ花宴といふのがある。これらは決して花の散るについて心を傷ましめての催しでは無かつた。花の散るを惜しむのは人世をはかなんでの事では無かつた。

（『櫻史』）

これが山田孝雄の、従来から続く「桜観」への批判だった。花の散るのを惜しむ心はある。また、花の散るのを、あるいは花が散ったのを愛でることはある。だがその情景に感傷を持ち込んだり、ましてみずからの身の上や世をはかなむことなどなかったと山田孝雄は明言する。ここで山田孝雄が書いているのは、桜が実際に咲いている現場での、人々の感性に思いを致すことだったろう。平安・鎌倉・室町いずれの時代においても、桜が見事に咲き、その下に出かけた人々がどのような振る舞いをしたのかといえば、それは楽しい宴であった。心を傷めて、あるいは花びらが散るのを惜しんで、感傷的に桜の下へ集まったのではないということだった。

歌書よりも軍書に悲し吉野山

この歌が、桜に対するこれまでのゆがんだ観念をはっきり指摘しているではないか。そういう主張でもある。

❖桜の精神主義・肯定から否定へ

十八世紀の本居宣長は、後世の人々が受けとめたようにナショナリスティックな大和魂や日本主義に結びつけて桜を詠んだわけではなかったのに、誤読や曲解によってその意図がゆがめられてしまった。本居宣長は桜の美に感じる心を淡々と詠んだし、また太平洋戦争勃発直前の山田孝雄も、時流に流されることなく大和心の解釈を本居宣長を参照しつつ冷静におこなった。両者ともに、自分自身の感性と確かな史料をもとに、時流から独立して自説を高々と掲げていたとみえる。しかし、そればかりではなかった。

山田孝雄が「桜花の権化」「桜花の化身」ともいうべき人物だと紹介する佐久良東雄《さくらあずまお》(一八一一〜六〇年)なる人物がいる。その佐久良東雄が、花が散るのを見て詠んだ歌に「事しあらば我が大君の大みため 人はかくこそ死ぬべかりける」がある。山田孝雄はこの人物と歌を紹介したあと、「げにもこの言の如くに散りはてにき。この人の如きはまことに、わが邦人の模範にして佐久良東雄の名に背かずとこそいふべけれ」と賞賛している。

佐久良東雄は、文化八(一八一一)年常陸国の郷士飯島平蔵の家に生まれた。村民が土下座をする代官所の高位の武士も、僧には丁重な態度で接するのを見て、自分は仏僧になろうと決心して寺に入り、僧としての修行を積んだ。しかし天保年間の飢饉で農民が困窮するのを目の当たりにして、書籍など自分の所有物を売り、米を買って農民に分け与えたが、まったく焼け石に水であった。そこで、人々を困窮させる徳川幕府への反感を募らせ尊皇に傾いてゆく。そして僧籍に入ったことを悔いて、ある日意を決し、法衣と念珠とを焼き捨て、沐浴して鹿島神宮に参り、皇室に尽くし徳川打倒を誓った。この年天保十二年二月に、鹿島神宮社頭に桜樹を植え、みずからの姓を「桜」からとった「佐久良」とし、東国の男子を意味する「東雄」と名づけ、その後勤王運動に邁進する。のち京都に上り、万延元（一八六〇）年大坂に移ったが、桜田門外の変で井伊直弼を襲った水戸浪士が逃れてきたのをかくまい、それによって捕縛され、獄死した。そんな人物である。

「佐久良東雄」論を山田孝雄が書いたのは、昭和初年の頃だった。「櫻の会」なる団体が会誌『櫻』を発刊し、その第二号（大正八年）から一三号（昭和六年）まで、山田孝雄は桜についての論考を毎年連載していたのである。この連載の論考をまとめ、さらに昭和十六年に書いた二つの新聞・雑誌原稿を「付録」として加えて一本にしたのが『櫻史』だった。先に大和心について当時の論調を批判していると紹介した文章は、「日本精神と本居宣長」と題された一文で、これは昭和十六年一月の朝日新聞に掲載されたものだ。「佐久良東雄」を書いてから十年以上も経っている。その間に大和心についての山田孝雄の論調が変化していたとも考えられる。

『櫻史』に載せられた「佐久良東雄」論は「大君《おおきみ》」のために「散りはて」たことをもって、桜の名に恥じないと賞賛している。つまり桜と大和心を「散る」ことで結びつけているのである。のちの昭和十六年の論調とは異なる。

また本居宣長も「敷島の……」の歌（一七九〇年）では、その心をただ桜を美しいと思う心にたとえたまでと弟子に述べているのであるが、これより二十年近く前に書いた「直毘霊《なおびのみたま》」（一七七一年成稿）には、大和心という表現はしていないが、「天皇尊《すめらみこと》の大御心を心」とするのが「外国《とつくに》」や「異国《あだしくに》」とは違う点だと述べる。じつは自分の考えを述べているのではなく、すべて「古典《ふるきふみ》」を尋ねてゆくとこうなる、というのが本居宣長の真意ではあるが、これらは容易にその後の国家主義的な大和心につながる解釈を色濃くもっているのである。

❖桜論の大きな欠陥

「佐久良東雄」論や「直毘霊」では人の行動すべき原則である「道」と、日本の存立原理（たとえば「国体」）とが一つになるのが美しい姿であり、その個と全体の一体感を具現しているのが桜だとする考えが生まれる。「桜」を論じるとこのような精神主義が現れてくるのはどうしてだろうか。桜は論じられると不思議な魔力をもつらしい。桜は容易に擬人化され、その咲き方・散り方と人の生き方を安易に重ねあわせて論じられてきた。

私はこれが桜論の大きな欠陥だと考える。だからこそ桜ではなく花見を論じたい、桜の精神ではなく、花見の精神を解き明かしたいと考えているのである。桜は歌人や物書きによって翻弄されてきた。

いっぽう花見は、絵画の題材にはなっても文学や論の題材にはほとんどならなかった。ところが花見こそ庶民の本当のところが現れる場だと考えてよいだろう。花見は言葉にも修辞にも翻弄され蹂躙《じゅうりん》されていない営みといっても許されるところがあるように思う。

なにか技巧を凝らした言い回しをひねり出させ、表現に苦吟させるような場をつくり出すのが桜だ。そうして桜をめぐっては、文字表現の山が築かれてきた。桜の文学にくらべて、花見の歌や文章が少ないのは、花見の場が言葉を忘れさせ、没我に陥らせる働きをもっているからだろう。しかも修辞・表現の技巧では隠せない本音のところがあらわになってしまう花見は、とくに文学表現になじまない。花見は日常から切り離され、日常を忘れさせる「遊び」の領域である。ホイジンガが語った「ホモ・ルーデンス」が、日本では花見の際に多数現れるのである。

桜論ではない花見論、これこそ欠けていたものである。桜で日本人や日本社会を考えるのではなく、花見で日本人、日本社会を考えれば、これまで陥ったような大和心や日本精神の思い詰めたような考え方から解放されて、自由に桜を見ることができるのではないか。

大菊桜（坂本浩然『桜花譜』より）
江戸後期　国立国会図書館蔵

第II章

外国人が見た花見

醍醐桜会の舞楽　《天狗草紙》部分　鎌倉時代

一、西洋人が記録しない日本人の花見行動

❖『日葡辞書』に載っている Fanami

一六〇三（慶長八）年に刊行された日本・ポルトガル語辞典である『日葡《にっぽ》辞書』には「花見」が単語として載せられており、「Fanami（花見）気晴らしとして花を見ること」（土井忠生他訳）とある。ここでは、大勢で楽しむ花見、飲食でにぎやかな花見は思い浮かべられていないようだ。「Fanamini mairu（花見に参る）」や「Fanamigaterani quru fito（花見がてらに来る人）」も用例として載せられているが、たとえば「花見に参る」は「花を見に行く」と説明されていて、たんに桜花の観賞に出向く程度の行動だと理解されているようだ。

『日葡辞書』が刊行された一六〇三年は、ちょうど江戸幕府が開かれた年である。この辞書に載せられている Fanami（花見）の説明を読んでいると、それまでの花見が飲食を伴うにぎやかな催しではなかったように思える。しかしそれが実態だったのだろうか。そんなことはもちろんないだろう。

同時代慶長期の洛中洛外図を見ても、また桃山期の屏風絵を見ても、にぎやかな花見が描かれてい

東山での花見遊楽　《花下群舞図屏風》部分
桃山時代　神戸市立博物館蔵

桜の名所・豊国廟の門前　《洛中洛外図屏風（舟木本）》部分
江戸時代初期　東京国立博物館蔵

る。のちに「花下遊楽図」や「観桜図」などとタイトルが付けられた、楽しげな人々の様子を描いた絵は多い。にもかかわらず、『日葡辞書』の編者は、どうして花見に静かな観賞を思わせる説明を付したのだろうか。

編集にあたったイエズス会の聖職者たちは、日本人のインフォーマント（情報提供者）に頼ったはずである。それなのに、にぎやかな花見があったことが辞書にはあらわれない。とすると情報を伝えるインフォーマントたちに、にぎやかな花見経験がなかったのだろうか。それとも彼らが花見の実態ではなく、かしこまったタテマエの説明を与えたためだろうか。まず第一に彼らイエズス会の聖職者たちが、にぎやかな花見の経験を持たなかったか、そんな機会に恵まれなかったことが考えられる。あるいは関心がなかったのかも知れない。

その後、江戸時代の西洋人の日本記述には、花見に関する描写があらわれない。江戸時代、いかに花見が盛んであったかを考えると、これは不思議だ。もちろん鎖国であるから、日本に滞在している西洋人の数はごくごくわずか。誰もが知るとおり、長崎の出島に幽閉されたような状態で住む、オランダ商館のメンバーだけなのであるから。

とはいえ、オランダ商館員の中には、有名なケンペル（一六五一〜一七一六年）やツンベルク（一七四三〜一八二八年）やシーボルト（一七九六〜一八六六年）など植物に関心の深い医師がいた。彼らは日本の植物を西洋に詳しく紹介した功労者である。その彼らが書き残したものに、花見の記述がまるでない。それどころか桜についてすらほとんど言及されていないのである。十七世紀の末にやってきて

一六九一、九二年の二度、江戸に参府旅行をしたケンペル（滞日＝一六九〇～九二年）も、十八世紀のツンベルク（滞日＝一七七五～七六年）も、十九世紀のシーボルト（滞日＝一八二三～二九年、再来日＝一八五九～六二年）も、花見についてはまったく記していない。

❖シーボルトやケンペルも言及せず

ケンペルは帰国後一七一二年に『廻国奇観《かいこくきかん》』を出版したが、この中には日本の植物名が五二三種挙げられており、二八種の植物は絵入りで載せられている。ところが、この中に桜がない。のちには日本の国花といわれたり、国民性の象徴ともいわれるようになる桜が掲載されていないのだ。二回の江戸参府のあいだに、日本の春真っ盛りの頃を体験しているにもかかわらず、花見も桜も記述にまったく出てこないのである。

彼らは江戸では指定された宿「長崎屋」に泊まることに決められ、将軍謁見以外は外出もままならなかったようだ。オランダ人が江戸にやってくると、大勢の医者・学者が待ちかまえていて、面会を求め、西洋の各種事情について質問しようと手ぐすね引いていた。今日なら植物学者とでもいうべき本草学者や医者などが、薬草に限らず植物全般についてオランダ人に質問を浴びせかけたのだが、それはほとんど西洋の植物についてだった。日本の植物をおみやげにもってくることはあっても、それが西洋ではどう呼ばれるのか、西洋に同じもの、あるいは似た植物があるのか、といったことが主要な関心事だった。

桜は珍種でもなければとくに目立つ薬効もない。オランダ側の専門家にも日本人植物学者にも、桜は話題として取り上げられなかったと思われる。

オランダ商館員の江戸参府旅行は、だいたい日本の正月行事が終わるころ出発するのが通例だった。松が明ける旧暦の正月十五日がほぼ定例の出発日である。西暦では二月初旬である。それからおよそ一カ月少々をかけて江戸に着くから、江戸到着後が桜の盛りになる。

彼らが出島の外に出られる機会はめったになかった。江戸参府旅行は日本の他の地域の様子、実情を観察する絶好の機会である。江戸滞在中から、江戸を発ち長崎への帰路、およそ静岡あたりまでの道中でちょうど桜の盛りに出会う。にもかかわらず、彼らの記録には、桜が咲いていることへの言及もなければ、花見の記事もない。

最も詳しい記録を残したシーボルトの江戸参府旅行をみてみよう。シーボルトが、出島の商館長の江戸参府に随行したのは、一回だけである。当時は以前のように毎年参府が行われるのではなく、四年に一度となっていた。彼は出島に一八二三年から二九年まで六年余り滞在したが、江戸参府の随行ができたのは一八二四年の春だった。このとき四月六日に富士川を渡っており、そこからすばらしい景色が見えたと『日本』に書いている。私はこの時期に少なくとも桜が少しは咲いていたのではないかと思うのだが、桜の記述はまったく現れない。いまではステレオタイプ化した絵はがき的風景である「富士に桜」の風景は、シーボルトの記述からはまったくうかがえないのである。

シーボルトの江戸参府をさかのぼること百三十余年前、一六九一年の三月十日に同じ場所をケンペルが通過している。ケンペルも富士川を渡り、街道中で富士山がここから最も近く見えることなどに言及している。そして帰路ここを通ったのが四月八日。季節はまさに桜の盛りのころだが、花見、桜についての記述はまったく現れない。翌一六九二年の江戸参府ではここを、往路では三月二十七日、帰路では四月三十日に通過しているが、この時の旅行記のどこにも花見、桜への言及はまったくない。

ツンベルクは一七七五年八月十五日出島に上陸し、日本の土を踏んだ。そしてその翌年江戸参府を果たし、桜の花の頃（四月八日）に大坂に入り、九日に京都着、そしてここで四日間を過ごしている。ところが、この前後のみならず旅行記全部を通してみても、見事に桜についての言及はない。大坂・京都に至る前たとえば九州で宿泊した旅館の庭で、アオキ（Aukuba。ツンベルクはケンペルがつけたアオキのラテン名を記している）やナンテン（Nandina）については特別に記し、「幸福をもたらす」とされている俗信にまで言及しているのと対照的だ。ツンベルクは帰国後の一七八四年に『日本植物誌』を出版し、そこには八一二種もの日本産植物が記されており、新種が三九〇も含まれていた。だが、サクラの記載はあるものの図版はなく、簡単な記述のみである。

シーボルトは、桑名に至る東海道筋で「道の両側に丘を築き、その真ん中にサクラ、エノキあるいはマツ」などを植えた一里塚が、里程を正確に表示していた、と印象深く記す。しかし桜の開花についてはまったく言及がない。四月九日に江戸に着き、五月十八日まで江戸に滞在しながら、花見や桜の記述は一切ないのである。本書第四章には近世江戸で盛んになった花見をとりあげて論じるが、イメージの上でも「花のお江戸」や「江戸の花見」などという表現を生んだほど流行した花見がまったく観察されていないのは、理解に苦しむ。

❖桜に興味を示さなかった博物学者

これはどう解釈すればいいのか。西洋人の記録からは、日本人の花見行動は消えてしまっているのである。ここまで見てきたのは、西洋に日本産植物の学術的紹介を行った代表的な人物が残した記録である。ケンペル、シーボルトはドイツ生まれ、ツンベルクはスウェーデン生まれで、いずれもオランダ東インド会社に雇われた医学・植物学の専門家である。そんな彼らが桜に、花見に、一言もふれていない。どうしたわけだろう。

彼らは街道をそれて自由に行動することが許されなかった。しかも街道筋には桜が植わっていることはほとんどなかっただろう。シーボルトは、兵庫の生田神社の境内を通ったときに「サクラやアンズの並木道」を観察している（三月十二日）が、これは例外的な景観体験だったようだ。街道沿いには桜の花を楽しむ場所がなかったと想像することは可能だ。

江戸期の桜の名所は、大体が寺院である。参府の一行は街道を行き、宿屋に泊まる。この繰り返しで江戸を往復させられている。だから桜に接する機会がなかったのだ。脇道に入って桜の名所を訪れることは出来なかったろう。もちろん彼らの目を楽しませるそんなプログラムが組まれていたわけではない。そう理解することができる。しかしそれ以上に、彼ら西洋人が桜の花への関心を持たなかったことが理由として考えられないだろうか。

江戸参府の一行にはいわゆる長崎通詞（通訳）が同行している。通訳は日本人である。彼らは美しく咲く桜の花を見たとき、これを参府の一行に告げなかったのだろうか。桜に動かされる自分の心を語らなかったのだろうか。二百年以上にもわたって行われた参府旅行のあいだに、花見の風習を一度も通詞が語らなかったとすると不思議だ。おそらく通詞は花見のことをオランダ側に伝えたに違いない。しかし、そんなことは記録するほどのものとオランダ側は受け取らなかった。植物に深い関心を持つ医者や博物学者ですら興味を示さなかった。そう考えると海外における花見の不在は、どうやら根本的に日本人とは違う彼らの感性のせいではないかと思えてくる。彼ら西洋人はいまも花見をしていない。それは生まれようがなかった習慣なのだと思うほかないだろう。

❖桜を通じて見せた偏狭な島国根性

江戸中期から、日本人の側には桜が外国人にも感銘を与えるはずだとの思いが現れる。賀茂真淵（一六九七〜一七六九年）はこんな歌を詠んでいる。

もろこしの　人に見せばや　み吉野の　よしののやまの　山ざくら花

（中国の心ある人に見せてやりたいものだ。美しくすばらしい吉野山の山桜の花を）

ところが、中国の詩には桜花があらわれない。外国では桜を特別に賛美する風はないことがわかってくると、桜を通じた心情の吐露に変化があらわれる。

花よりあくる三芳野《みよしの》の　春のあけぼの見渡せば　もろこし人《びと》も高麗《こま》人も

やまと心になりぬべし

この歌は頼山陽（一七八〇〜一八三二年）の作として世に流布したものだが、山田孝雄によれば博多の人、二川相近《ふたがわすけちか》（一七六七〜一八三六年）の作であるという。徳富蘇峰著『大日本人名辞書』によれば二川相近は福岡藩士で国学者・勤王家、その歌集『鴨の羽がき』に先の歌が載せられていると書く。そして第二句の「見渡せば」が「見せたらば」となっているのが異なるが、あとはまったく同じで、この作者が頼山陽であるか二川相近であるかは後世の研究を待つ、と記している。作者が誰にせよ、幕末に近づくと桜に託す心情に偏狭とも取れるニュアンスが入ってくる。

日本人しか行わない花見、日本人のみ嘆賞する桜は、外国人は行わない花見、外国人が嘆賞しない桜といった感覚につながり、その感覚と外国へのコンプレックスとが結びついて、その上に強がりの空威張りをも生み出したようだ。

ただしこのような中国・朝鮮に対する日本優位の観念につながるような発言が広まるきっかけは、日本人のみではなく中国人による言説によってもつくりだされたと思われる。その有力な一人が朱舜《しゅしゅん》水《すい》（一六〇〇〜八二年。来日は一六五九＝万治二年）だろう。
水戸光圀に召し抱えられた朱舜水は、寛文九（一六六九）年水戸藩の上屋敷・後楽園の花見の宴に招かれ詩を詠んでいる。そこには後楽園の庭園としてのすばらしさとともに桜花の見事なことが詠まれている。こうして朱舜水は、中国では観賞したことがなかった桜を好むようになった。朱舜水は水戸藩の儒者安積覚《あさかあきら》（号・澹泊《たんぱく》。一六五六〜一七三七年）に、もし桜が中国にあればすべての花の第一とすべきだろう、と語ったという。
安積の『湖亭渉筆』（巻之四、「朱文恭遺事」）に、次のように記されている。

文恭（朱舜水の死後のおくり名）酷《はなはだ》桜花を愛す。庭に数十株を植え、花開くごとに、これを賞して覚（安積覚）等に謂ひて曰く、中国にこれを有らしめば、まさに百花に冠たるべし。すなはち知る、或いは認めて海棠《かいどう》と為すは、桜花の厄と謂ふべし。義公（水戸光圀）祠堂《しどう》の傍側《かたはら》に環《めぐ》らし植え、遺愛を存せしむるなり。

（原文は漢文）

水戸光圀は桜を愛した朱舜水のために、朱舜水の死後、彼を祀る祠堂《しどう》のまわりに桜を植えて、霊を慰めた。朱舜水は生前、拝領した自分の屋敷にも桜を数十株植えて楽しんだし、桜が中国にあれば間違いなく「百花に冠たる」最高の花となったであろうと述べた。このことが儒者たちを通じて各地に喧伝されたことは十分に想像できる。「もろこし人も高麗《こま》人も」などという歌は、こうしたことを背景につくり得たというべきだろう。朱舜水ならびに儒者たちが、国学者に提供した情報は、その後の桜観の展開に少なからぬ影響を与えた。

後年、朱舜水の祠堂を訪れた水戸藩の儒者中村顧言（号・篁渓。一六四七〜一七一二年）は、朱舜水を偲びその心情を思いつつ次のような詩を詠んだ。

独り山桜に対すれば歳華《さいか》を感ず。
東風戚々《せきせき》として旧烟《きゅうえん》霞みたり。
川棠洛牡《せんとうらくぼ》皆羶気《せんき》。
故《ことさらに》愛す扶桑《ふそう》第一花。

この詩の意味は、次のようになる。「一人孤独に、山桜を見ていると（故郷を遠く離れた朱舜水には）歳月の流れの早さがひとしお感じられた。春の東風が悲しげに吹くと、故国の様子が目に浮かぶが、それもおぼろげになってくる。四川の海棠の花、洛陽の牡丹の花、それらはみな異族の下にあって、もう羊の肉のように生臭く感じてしまう。ゆえに日本第一の花、桜を愛するようになったのだ」。

朱舜水の他に、同じく明の滅亡によって来日し尾張藩の招きに応じて江戸に住んだ陳元贇《ちんげんぴん》もまたよく桜の詩を詠んだという（山田孝雄『櫻史』）。

人樽、酔藉《えいよ》り、芳草に眠る。
風、桜花を送りて、角布を落とす。

これは上野の花見の様子を詠んだもので、酔っぱらって人が樽に寄りかかって草陰に眠っている。風が吹いて桜の花びらを散らし、また幔幕を吹き落としている。そんな盛んな花見のあとの光景を、親愛の情を込めて詠んでいるのである。

中国の人たちも、長く日本に住んで桜の花、花見に親しみ、それを詩に詠んだのである。これらの詩がどれほど本国に伝わったかは疑問だが、少なくとも彼らの目で見た花見は、日本の好ましい風習として描写されたといってよい。しかしこれを受けとる日本側は、その上に別の感情と解釈を付け加えた。

朱舜水の詩やその解釈によって、中国人も桜の花を愛でるとの一種の「安堵」が、儒者、そして国学者の間に広まり、さらにそれは、中国人が日本を尊敬する、という短絡した一方的な解釈につながっていった。こうした「理解」の仕方をたどっていると、じっさい日本人がいかに交際の範囲が狭く、そのため視野が狭く、そのせいでいかに世界に憧れ、また世界に認められたいと願っていたかが悲しくなるほど伝わってくる。江戸期の狭い海外との接触は、桜を通じてみても偏狭な島国根性ともいうべき世界観しか生み出せなかったのである。

❖日本紹介に「花見」を加えなかったチェンバレン

明治初期の日本にやってきて、三十年余りを過ごし、きわめて日本通であったバジル・ホール・チェンバレンは、日本の習慣・風俗を詳しく観察した『日本事物誌』（初版は一八九〇年）を出版した。チェンバレンは明治六年、横浜に到着してしばらくのち海軍兵学寮（のち兵学校）に雇われ英語や幾何学を教え、のち東京帝大で言語学を講じた。その『日本事物誌』には、「芸者」「相撲」「茶」など二〇〇を超える項目がとりあげられているが、花見が出てこない。「桜花（原文はcherry blossom）」の項で東京の上野や向島、そして吉野や嵐山を桜の名所と紹介し、花見については「毎年春が来ると、大勢の人びとが桜の名所に繰り出す」と記すのみである。しかし本居宣長の「敷島の大和心を人問はば朝日に匂ふ山桜花」を解説し、「花は桜木、人は武士」を紹介していて、愛国主義者が梅ではなく桜を採用していると述べる。

「日本の桜の木が植えられるのは、その果実を食べるためではなくて、その花を見るためである」。これが彼にとってまず記すべき事だったらしい。「食物」の項でも同じように「桜の花は豊富だが、桜桃（さくらんぼ）は少ない」と記している。「花」の項目では菊と生け花に詳しくふれているが、花見は出てこない。「娯楽」の項で参詣、遊山、花の観賞を挙げていて、また芸者を呼ぶ宴会にふれているが、花見の宴は言及されていない。

こんなふうにチェンバレンは、日本を知らない海外の人々に紹介しようとする「日本文化」のなかに花見を入れなかった。明治初期から前期には、花見が衰退していたためだろうか。それともチェンバレンが花見に興味を持たなかったせいであろうか。維新の混乱のせいで、チェンバレンが来日した明治の前半には花見が衰退していたのではないかと考えてしまいそうだが、実情は違う。

『江戸名所図会』を刊行した、江戸神田雉子町の名主である斎藤月岑《げっしん》（一八〇四〜一八七八年）の日記には、幕末・明治初期を通じての花見が記録されている。維新の動乱期、徳川慶喜が寛永寺に引きこもっていた慶応四（一八六八）年の春だけは、上野の山への立ち入りが禁止され、花見はできなかったようだ。この年三月十七日の条に「花は盛の由なれど、上野は更に人入る事ならず」と記されている。しかし翌年にはもう盛んに花見が行われた様子が日記から伝わってくる。

斎藤月岑の日記が記すところによれば、彼は明治八年の春、人力車に乗って上野の花見に出かけたが、あまりの混雑で人力車の渋滞が起こり、途中で引き返しているほどだ。明治に入ってからの日記は、明治四、五、六年の分が欠けているから、この三年間に斎藤月岑が花見に出かけたかどうかはわからない。

明治八年ともなれば、政治的混乱はおさまり、庶民生活は少なくとも表面上は平静に戻って、多くの花見客が花の名所に出かけていたと考えてよい。明治天皇の母、皇太后も明治六年から、向島で花見をしている記録が残っている。明治天皇自身も数多くの花見に出かけている（『明治天皇紀』）。明治も江戸に劣らず日本人が花見に繰り出した時代だった。

❖日本人とともに花見を楽しんだ中国人

維新後の花見を早い時期に観察し、また日本人とともに楽しんだのは中国人であった。

一八七七（明治十、光緒三）年の末に、清朝中国は初めての駐日公使団を日本に派遣した。二〇名を越す一行の中に、公使（正使）は何如璋《かじょしょう》、そして副使・張斯桂《ちょうしけい》、書記官（参賛官）・黄遵憲《こうじゅんけん》らがいた。

花見に関して注目すべきは、書記官の黄遵憲である。彼が書き残した花見に関する詩文は数多い。しかもそれは日本の花見の賛美で埋め尽くされている感がある。

黄遵憲が来日して初めて花見をした時に詠んだ詩はこうである。

長堤十里看櫻桃　　長堤十里　桜桃を看る
裙屐風流此一遭　　裙屐《くんげき》風流　此の一遭
莫説少年行樂事　　説《と》く莫れ　少年行楽の事
登樓老子興尤高　　登楼の老子　興尤《もっと》も高し

（『黄遵憲與日本友人筆談遺稿』）

この詩がつくられたのは明治十一年、公使団が日本に赴任して最初の春のことであった。四月十六日に彼らは墨堤すなわち隅田川畔・向島の花見に出かけたのである。このとき公使・何如璋も、副使・張斯桂も詩を詠んでいる。公使・何如璋の詩——。

飛仙不惜醉蒲桃　　飛仙　蒲桃《ぶどう》に酔うを惜《おし》まず
海外看花第一遭　　海外に花を看るの第一遭
有客正吹花下笛　　客有り　正に吹く花下の笛
陽春一曲調尤高　　陽春一曲　調《しら》べ尤《もっと》も高し

（同前）

彼らは実際どんな花見をしたのだろうか。原文の「看花」がたんに「花を看(見)る」だけではないのは、

「酔」の文字が入っていることからも想像できる。副使・張斯桂の詩にも「酔」の字がみられる。

春風花事酔櫻桃
人影衣香快此遭
歸去欲携花作伴
折枝不怕樹頭高

春風花事　桜桃に酔う
人影衣香 此の遭快し
帰去　花を携へて　伴と作さんと欲す
枝を折るに　樹頭の高きを怕《おそ》れず

（同前）

この詩では「酔桜桃」（桜桃に酔う）であり、先の公使・何如璋の詩では「酔蒲桃」（蒲桃に酔う）である。中国人たちの花見は、西洋人と違って酒が入っている。黄遵憲の詩には「登楼」の文字があり、これも酒楼に登って酒を飲んだのである。彼らが行った花見は、私の言う花見の三要素「群桜」「飲食」「群集」を含んでいる。

じつはこのときの花見を準備したのは、黄遵憲をはじめ公使館員たちの日本の友人である大河内輝声《てるな》だった。文人でありもと高崎藩主の大河内がセットしたものであるから、ちゃんと日本風の花見が組まれていたとみてよい。それだけでなく中国側も花見を心待ちにしていた。公使館員たちが待ち望んでいただけでなく公使・何如璋が心待ちにしていた。花見シーズン前に大河内が公使館を訪問したとき、公使・何如璋自身がいつ桜は咲くのか、花見への案内を忘れてくれるなと念を押しているほどだ。そして大河内と黄遵憲が、手紙のやりとり、実際の訪問などを通じて花見の日取りや場所の設定を綿密に打ち合わせた。

当時の日本の漢学者・漢詩人たちは、中国崇拝の思いが強く、清国公使館の館員たちと交わることをたいへん光栄なことだと思っていた。そこで清国公使館員たちに接触を求める「文人」は多かったが、そのなかでも大河内は親身になって中国人に接した人物だった。

清国公使館一行の花見は、次のようであった。まず大河内の邸宅・桂林荘を訪れ、その後隅田川に向かい、船で対岸の向島に渡って堤の上の桜並木を見物し、白髭神社の傍らの茶店で茶を飲んだ。その後、料理屋・植半の座敷に上がって酒を飲みながら桜を満喫し、詩作したわけだ。

❖ロンドンで詠んだ「花より団子」

黄遵憲は四年間にわたる在日期間中、毎年花見を楽しんだようだ。宴会の席をもつのは、ただ単なる楽しみだけではなく、彼にとっては日本研究のためでもあった。こうした席に集まる日本の学者・文人と交わり、友好関係を結ぶこと、そしてその知識や考え方を吸収するのが彼の目的でもあった。

黄遵憲は日本と中国とを比較し、将来の中国をいかにすべきかを考える材料にしようとした。そこで彼は日本についての観察・考察を書こうと考えた。それはのちに『日本国志』と題して出版されることになる。その前に日本での体験と印象をまとめておこうとして書き残されたのが詩文集『日本雑事詩』である。この作品は彼が着任した明治十（一八七七）年の末から、二年あまりの間に書かれ、明治十二（一八七九）年中にまとめられた。

この中には日本の桜と花見を詠んだ詩がある。

朝曦看到夕陽斜　　朝曦《あさ》より看て夕陽《せきよう》斜なるに到《いた》る
流水遊竜闘宝車　　流水遊竜 宝車を闘《たた》かわす
宴罷紅雲歌絳雪　　宴罷《や》みて紅雲に 絳《こう》雪を歌う
東皇第一愛桜花　　東皇《はるのかみ》第一に桜花を愛す

（『日本雑事詩』）

彼は『日本雑事詩』中の詩にすべて解説を加えたが、この詩につけられたものを見てみよう。

桜花は五大洲にないものである。深紅なのがあり、薄赤なのがあり、白いのもある。一重から八重まであって、あでやかさの限りだ。ものは桜桃《ゆすら》に似ているが、花はずっと美しい。他の樹に接木したため、姿もまたかく変ったのかもしれない。三月の花のころには、むかしは公卿百官、みないとまをいただき、花を賞した。今でも車をつらね、馬にうちのり、男女これにあつまり、国をあげて狂せんばかりである。日本人はこれを花の王という。隅田川の左右に数百本あって、雪か霞か錦か茶《かや》かと、あやしまれる。わたしは、月あかるき晩、再びそこにあそんだが、まことに、わが身を蓬莱にあそばせるような思いがした。

東京で名勝としてきこえるのは、木下川《きねがわ》の松・日暮里の桐・亀井戸の藤・小西湖《しのばずのいけ》の柳・堀切の菖蒲・蒲田の梅・目黒の牡丹・竜川《たきのかわ》の紅葉で、これらはみな良辰《りょうしん》美景には、遊山の人の雑踏するところである。

（同前）

桜は日本以外五大州にはないと黄遵憲は述べた。日本人になりかわったかのように日本の桜のユニークで美しいことをほめたたえる。漢詩文独特の修辞があるのだろうが、それにしても、この文章はまさに日本の桜と花見の賛美そのものである。

黄遵憲は日本勤務五年目に入った一八八二年、サンフランシスコ総領事に任ぜられ、およそ四年間の勤務ののち一八八五年中国に帰った。翌年再びサンフランシスコ総領事になることを要請されたが、これを断って著作に専念し『日本国志』を一八八七年に書き上げた。この中でも彼は花見の賛美を書き記している。出版は一八九〇年。この年二月、黄遵憲はイギリス駐在の総領事としてロンドンに赴いた。そしてロンドンで彼は暇を見つけては『日本雑事詩』の推敲・加筆を行っていた。初版の詩のうち削られたものもあったが、花見の詩は削られるどころか彼はもう一編追加した。この詩は「花より団子」の諺を思い出してつくられたもののようだ。

摶花作飯勝胡麻　花を摶《まるく》して飯を作り　胡麻《ごま》に勝《まさ》る
嚼蕊流酥更点茶　蕊《しべ》を嚼《か》み酥《さけ》に流し　更《さら》に茶を点ず
費尽挼莎纔結果　挼　莎《もみこねること》をなし尽して　はじめて結果《できあがる》
果然団子貴於花　果　然《はたせるかな》団子は花よりも貴し

桜飯なるものを売っている。桜を飯にまぜたものである。桜餅なるものを売っている。花をまるめて餹《もち》として、ゆでたりむしたりしたものである。「花より団子」という諺がある。桜茶なるものを売っている。桜を湯で点じ、少々塩をいれる。酒の酔をさますといわれる。花の枝を帽子にはさんだり、また袖につつんだり、帯にぶらさげたりする。遊客のかえるときには、町中がみな花というわけである。

（同前）

およそ十年近く前、日本で楽しんだ花見を思い出して彼がロンドンで詠んだのは「花より団子」の詩であった。さらに彼は向島の花見を詠んだ詩を追加した。しかもここでは、外国人にはあまり知られていない隅田川沿いの木母寺《もくぼじ》にある悲劇の主人公梅若丸ゆかりの梅若塚のことにふれている。

殿春花事到将離　殿《ばんしゅん》春の花事まさに離れんとするに到る
雲似人愁水似思　雲は人愁に似て　水は思うに似たり
一尺落花和涙雨　一尺《おおく》の落花　涙雨《なみだあめ》に和す
手添香土弔梅児　手に香土を添えて　梅児《うめわか》を弔う

墨田川の左右の堤には桜花が数百樹ある。木母寺のかたわらに一つの墳墓があって、梅若の墓という。伝説によれば、むかし美人梅若〔黄遵憲は梅若丸を美女としている〕というものが、三月十五日にここで死んだので、この日には雨がふるという。いっぽんには、これを涙雨とよんでいる。風流人が花見をするときには、きまってこの墓にお参りをする。

（同前）

黄遵憲がどれほど日本の花見に深く心をひかれ、花見を楽しんだかがわかる。

二、西洋人は花見をいかに観察したか

❖ベルツが見た向島の魅力的な娘

次に開国以降来日した西洋人の花見の観察をみてみよう。西洋人がみずから花見客に混じり積極的・主体的に花見を組織する様子はうかがえないが、観察の記録はある。

明治十二年四月六日、ベルツは向島に出かけた。

隅田川沿岸の向島へ遠乗りした。ここは今日、民間の祭礼の特徴をあますところなく示している。向島は、だいたい散在した村落といってもよいような所だが、川の左岸にあって、かなり水際に接して延びた長い堤によって水害を防いでいる。この堤に桜が植えてある。右側平地には茶屋、寺院、美しい庭のある民家がつらなっている。桜の花の時期はまた、向島の華やかな季節でもある。全東京市民が向島巡りをやるのだ。そして、今日の日曜日こそ、まさにそのクライマックスである。

(『ベルツの日記』)

ベルツが来日したのは明治九年六月七日。その翌年、翌々年は花見の記事を残していない。日本の日常生活に慣れ、いろいろな行事を知って、三度目の春に花見に出かけたといったところだろう。

ベルツの筆は、花見の賛美で彩られている。彼が生まれたのは、南ドイツ・シュヴァーベン地方の小さな田舎町ビーティヒハイムである。十二歳で都会のシュトゥットガルトに出て高校に進み、のちテュービンゲン大学、ライプツィヒ大学で医学を学んだ。ライプツィヒは中部ドイツ、他はいずれも南ドイツの町である。緯度は北海道と同じくらいの北国だから春は遅い。だが花は一斉に咲き、春の美しさは温帯日本に勝る。けれども花に誘われて繰り出す人はさほどではなかった。東京のような大都会で、しかも花が誘い出すとてつもない人出を見たのはとくに印象深かったらしい。

せいぜい四メートルの幅しかない堤の上をうごめく人の群は、目を疑うほどだ。われわれは馬で行ったのに、人力車と同様、きわめてゆっくりとしか進めなかったが、それでもすっかり満足だった。というのは、高い位置にいる大きい利点により、周囲の見晴らしを存分にたのしむことができたからである。まあ、何という眺めだろう！　左手には春の太陽に輝く大きい流れと、滑るように走る無数の小舟、頭上にはまったく小枝も見えないほどぎっしり花でおおわれた樹木、足もと一帯には色とりどりの人の群。

（同前）

ベルツの故郷南ドイツの花は、日本でいえば晩春の頃に咲きそろう。それも見事だが、リンゴやナシの花以外に木の花が咲き乱れる光景は見られない。桜のように木の枝をかくすほどの咲き方ではない。ベルツはとにかく日本の花見に感動している。花の豊かさ、周囲の風光、にぎやかな人出、いずれもドイツには見られないものだ。

しかもこれらの人々が、今日の日曜日は平日とはすっかり違っているのだ。日頃はあまり美しいとは思わない女の人たちが、今日はこうまで魅力的なのだ――殊に、鮮かな絹の着物、風雅な変化にとむ色彩の配合、白く化粧した顔、きらきらする髪飾りのごく若い娘たちがそうだ。

（同前）

ベルツの文章は、われを忘れて日本評価に走ってしまう、日本びいきの人にありがちな盲目的な賛美の気配がある。まったく同じ頃に向島に出かけていた文学者田山花袋の語るところを聞いてみれば、日本人の花見の実態がもっと複雑、多重的であることがわかるだろう。

「花見に行くと、場所場所に由《よ》って、娘の種類の違うのが面白い。上野ではまだ綺麗《きれい》な娘が見られるが、浅草から向島に行くと、娘の種がすっかり落ちる。げびていていけない。そこに行くと九段だ。あそこに行って、運が好いと、非常に美しい高尚な気高い娘が見られる。やはり、種が違うよ、君。それに、あそこは静かで、雑沓《ざっとう》しないで好い。静かに花を見るには、あそこに越したところはない。」こう言う時分には、私はその桜の木と共によほど大きくなっていた。

（『東京の三十年』）

ベルツが見た向島の魅力的な娘は、田山花袋に言わせれば、「げびていていけない」のだった。「綺麗な娘」のいる上野に加えて、さらに「非常に美しい高尚な気高い娘」のいる九段など、明治の東京

向島堤上の観桜（『新撰東京名所図会』明治 31 年 3 月）

には花見の名所が新たに生まれていたのである。
明治初年に東京に出てきて丁稚奉公をはじめた田山花袋が語る九段の花見の思い出は、西洋人の観察にはない庶民を巻き込んだ新たな東京市民の誕生を物語っている。花袋が「九段の公園」と呼ぶ靖国神社の「境内は花の頃よりも新緑の頃が殊に美しかった」。これは江戸にはなかった明治の感覚である。

❖桜が国民的花であるゆえん

明治期には来日外国人による花見の観察記がずいぶん現れる。第一章で少々引用したケーベルもその一人である。ケーベルはドイツ系ロシア人だが、ドイツ人として明治二十六年に東京帝大の教授として日本に招かれ、二十一年間西洋哲学、ドイツ文学などを講じた。性格的には実直・誠実・篤学の士といった感じを私は受ける。ケーベルはこう書く。

桜の花の頃こそ日本人を観察すべき時である。これその牧歌的哀歌的なる天性の最も明かに現れる季節だからである。

(『ケーベル先生随筆集』)

そう、そうこなくっちゃと思う。ケーベルは間違いなく日本人の花見を見聞きしたことがあり、体験してもいるだろう。ところがこれに続く文章では、彼のとらえ方に対して私には違和感が生じる。

日本の国民的花は、堅い、硬《こわ》ばった、魂なき、萎《しぼ》むを知らざる菊ではない。絹のように柔かなる、華奢《きゃしゃ》なる、芳香馥郁《ほうこうふくいく》たる短命な桜花こそ実にその象徴である。日本人はこの美しき花の束《つか》の間《ま》に萎みそうして散りゆくその中に、わが生の無常迅速の譬喩《ひゆ》と、わが美と青春との果敢《はか》なきを見るのである。桜の花を眺めているとき、春のただ中に秋の気分が彼の胸に忍び入る。

（同前）

菊は日本の代表として明治政府が万国博へ参加するときは、いつも出品物に選ばれた。しかし日本国の象徴とはなっても、日本国民の象徴とは言いにくい。ケーベルの考えはそこまでは当たっている。しかし桜が国民的花であるゆえんは「華奢《きゃしゃ》」「短命」「果敢《はか》なき」ところにあるというのは本当か。日本の国民的な花が桜だとされはじめたのは何時《いつ》か。本居宣長に日本国の観念はあったとしても、「国民的」といった観念はなかっただろう。むしろ明治になって、西洋諸国との関係が密に生じ、対外的な体制を整えざるを得なくなったときに、桜は「国民的」花という性格をもたされた。そのときこのようなケーベルの言葉が、日本人の発言ではなく外国人の発言であるが故に、むしろ大きな力になったのではないか。

ケーベルの花見観は、桜観を中心としている。シラーの詩に「美しきものもまた死せざるべからず」があることや、「あわれ、すべての優雅なるもの、いとしきものは滅びゆきて墓の中に沈むなり」といったハイネの歌があることを引いて、日本人の桜観と対比する。そして、「桜花に対するこの愛好と、桜の名所への巡礼のうちには、幾分の子供らしさと、情趣と意味の深い――しかも異教的なるものがある」と述べる。「子供らしさ」や「異教的」と表現する心意の底に、桜を愛好する日本人はキリスト教文明のもとにいる西洋人の理解を超えたものだとの思いがある。だからケーベルは桜の季節の日本人の振る舞いと、古代ギリシアのアドニス祭とのあいだに類似点を見いだし、これを語る。アドニスはアフロディテの恋人であり、無類の狩り好きだったが、ある日猪狩りの際にその牙にかかって死ぬ。悲しみ嘆くアフロディテの流した涙がアネモネになり、アドニスの傷口から流れ出た血は赤いバラとなった、というギリシア神話による春の花の祭りがアドニス祭である。そしてケーベルはこう言う。

一体これらの民衆的祝祭は遊蕩をともなわずして行われることはない。これは——キリスト教的観念世界の外に住む国民においては——心理的にきわめて理解しやすきかつ自然なことである。日本人は、たといホラティウスを知らなくとも、自らこう考える。我らの生は、今風に吹き散らさるる花のごとく短い。……されば「今日の一日を捉えよ（carpe diem）」一つの歓楽をも逸する勿《なか》れ、「膝のなおすこやかなる間（dumque virent genua）」にすべてを享楽せよ！　と。

またこの遊蕩はおそらくそう悪いことではあるまい。それに日本のような非キリスト教国においてはそれは殆ど「悪徳」とは呼ぶことのできぬものなのである。

（同前）

ケーベルにとって、桜の花を日本人の精神性の象徴とし評価しうるのは、「短命」であることによる。桜によって生まれる行事は「遊蕩」であり、キリスト教世界から見れば「悪徳」になると言っているのである。桜は「美徳」の側にいるが、「花見」は悪徳になるのだ。やはり彼の「花見」の観察は、結局「桜論」しか生み出さなかった。

ケーベルは大正教養主義に深い影響を与えたといわれる。だが一方で、ラテン語などを交え、西洋の詩・文学を援用したケーベルの「桜論」は、西洋コンプレックスをいやというほどもっているがゆえに、それを必死に隠蔽しようとする偏狭なナショナリストの中にも追従者を生みだしてゆく。桜をダシにした昭和戦前の国家主義者の日本イデオロギーは、ケーベルによって力を与えられた感がある。

このような解釈はケーベルにとって、あるいは大正教養主義にとって、あまり愉快なものではないだろうが、こうした事情は見届けておく必要がある。どれほどの影響をケーベルが彼らに与えたかは別に説くことにして、外国人が見た花見をたどる作業を続けよう。

❖桜・花見より祭りに関心

明治の早い時期に日本に滞在した外国人からみていこう。一八七〇（明治三）年の末、福井藩の招きで来日し、一八七四年に日本を去ったアメリカ人グリフィスは、桜や花見を記録しているだろうか。彼は、わずか一カ所で桜（cherry）という言葉を使っているが、それはある庭で四月に咲くのが桜である、と記したにすぎない。一八七一年三月からおよそ一年間、ドイツ語、フランス語や生理学を教えた福井で、ちょうど日本で最初の桜の季節を過ごしている。またその後移り住んだ横浜で三度の春を過ごし、日本の祭りのいくつかを詳しく記しているものの、桜の花についても花見についてもまったく一語もない（『明治日本体験記』）。

グリフィスが去ってから三年後、東京大学の生物学教師として来日したモースなら、実習指導やフィールド調査などで学生と野外行動をともにしているから花見についての経験があるのではないかと思ったが、それがない。日本滞在は一八七七年六月から七九年までと、再来日した一八八二（明治十五）年から八三年である。彼がつけていた三五〇〇ページに及ぶ日記帳をもとに書いたのが『日本その日その日』である。この二巻本、英文八〇〇ページに及ぶ著書（邦訳も三冊本で、総八〇〇ページ近くに及ぶ）の中で、桜に言及したのは一カ所だけである。

梅や桜は果実の目的でなく花を見るために栽培される。有名な桜の花に就いては、今迄に旅行者が数知れず記述しているから、それ以上言及する必要はあるまい。

（『日本その日その日』）

これだけである。残念ながら博物学者で知日家の花見の証言は得られない。明治一ケタの年代か十年代の早い時期に来日した西洋人の見聞記には、花見が現れないようだ。

彼は旅行者によって桜の花は数知れず言及されているというが、ほんとうだろうか。しかもそこには、桜だけでなく花見も語られているのだろうか。

一八七九（明治十二）年にやってきた英国下院議員のリード（Sir Edward J. Reed）は、京都滞在中に嵐山を訪れて、その山の木が主に桜と紅葉であると記す。そして、四月に桜が咲くとき、山腹は香り高いピンクの花で埋め尽くされるので「京都の住人は多数ここに集まってくる」と聞かされたと続けている。さらに注をつけて「日本の桜は英国のものと違って、その花の美しさ、色、香りを愛でるために育てられている」(白幡訳)(“*Japan : its history, traditions, and religion*” London,1880)と書いている。この記述の様子だと、本人はたぶん花見のにぎわいを想像できていない。ただ桜の花の美しさだけを頭に描いているようにしか思えないが、それでもこれなどは例外的な花見についての言及とすべきだろう。しかもここには、その後も続く基本的な日本の桜についての理解、すなわち「実ではなく花のために植えられる日本の桜」という理解が早い例として現れている。

西洋ではサクランボも桜の木も同じ「チェリー」で表現する。桜の木はすなわち果実のサクランボにほかならない。実と木が一体なので、桜の花は別に“cherry blossom”と言う必要がある。

❖『英国公使夫人の見た明治日本』

桜の花をとりわけ愛でるような感覚は、西洋人のものではなかった。ところが徐々に、このような感性を語る人物が現れる。一八八九(明治二十二)年、英国駐日全権公使の妻として来日したメアリー・フレイザーの著書(日本からの手紙形式の日記体)には、滞日四年間の毎春、桜を語り、ときには花見をした記述が現れる。

彼女が日本の土を最初に踏んだのは一八八九年の四月末だった。長崎に上陸し、再び船客となって瀬戸内海経由で横浜に着いたのが五月一日である。残念ながら桜の盛りは過ぎてしまっていた。数カ月後の八月二十六日、上野で行われた東京開府三百年記念祭について記した個所に桜への言及があらわれる。だが、この記念祭に彼女は出席しなかった。なぜなら上野が徳川家の菩提寺寛永寺や博物館のある緑深い公園であることを聞いてはいたが、彼女にとって、

上野の本当の壮観は、寺院でも博物館でもなく、またその歴史的な由緒の数々というようなものでさえありません。春にこの地を壮麗にかざる桜こそが上野の誉れなのです。来年、私はそれを眺めようと思います。

（『英国公使夫人の見た明治日本』）

というわけで、招待にも応じていない。

彼女のそんな桜への思い入れを裏づけるかのように、来日の翌年一八九〇年四月の記述には、桜への賛美があふれている。

そうです、今、桜の花が咲いているのです。高貴なお客様より桜の方が私には大きな興奮です、と言ったとしても、私が〔英国ならびに英国公使夫人としての任務に対し――筆者注〕忠誠心に欠けると思わないでくださいね。私は春になってからひどく体調をくずしていますので、走りまわったりつねに忙しくしている時よりも桜の花の意味が大きいのだろう、と思っています。それに私は、日本の〝栄華〟を初めて目にしているのです。とにかく、一年の最高の時がとうとうやってきたのです。

この本の邦訳に当たった横山俊夫が述べるように、フレイザー夫人の叙述を特徴づける大事な一つは「繊細な視覚がもたらす興奮の記憶を忠実にたどりながら、あくまで主観的な印象の数々をあふれるばかりの修辞で再生してゆこうと努める」姿勢である。桜は視覚を入口に、彼女の感覚と気分を驚くべき強さで刺激している。外国人のなかでもこれほど桜に興奮している人物はまれだろう。

（同前）

東京は桜の都市です。どの通りにも、桜の木がふんだんに密に並べて植えられています。庭という庭は念入りに育てた桜の木を誇りにしています。また向島の川端では、桜は水にまで浸り、バラ色の津波のように陸の方へひろがっています。そして上野の大公園は、百の空から日没の雲をつかまえて、ひろい森の径に沿ってその雲また雲をつなぎ留めているかのようです。気まぐれな華麗ということでは、二重の桜が自然の他のいかなる盛りにも優っています。そしてそれらの花が世界を変貌させている一、二週間のあいだに、ひと目見ようと人々が夜々群れ集い、来年再会するまでその美しさの思い出をしまっておこうとするのは、まことに正しく、しかるべきことであると思われます。

（同前）

翌一八九一年四月、フレイザー夫人は浜離宮の観桜会に招かれた。この年の桜も見事で、彼女は自分の庭の桜も愛でていたのだが、浜離宮の桜は一段と心を打ったようだ。

四月、皇后陛下の桜が満開となり、私たちは海のかたわらの陛下の宮殿の御苑へ花見に招かれました。昨年は何かのご都合でこの宴はなく、今回、私は初めて、延遼館のある浜離宮へ出かけたのです。今年はいたるところ桜がみごとでした。我が家の庭も、美しい夢のなかのようです。

（同前）

公式行事が苦手だと随所で吐露しているフレイザー夫人が、「このような堅苦しいパーティーから帰ることを私が心残りに思ったのは、これが初めてでした」と書いたほどに、彼女にとって観桜会は心地良いものだったようだ。

翌一八九二年四月には「来年は、桜の花も、また灰色から突然紫に、そして沈むように緑にかわる藤の棚も見ることがないのだと思うと、悲しくなります」と書いている。彼女にとって日本の桜は本当に愛する花になっていたのだ。翌々年の一八九四年に再来日したときも「今日は、我家の満開の桜ごしに、昔とかわらぬ姿で富士山がほほえんでくれました」と書き、「日本は永遠に私の第二の故郷であり続けるでしょう」と日本への愛着を表明している。

❖武士道と桜の花

新渡戸稲造は、その後欧米の日本観に多大な影響を与え続けた『武士道』を一八九九年に出版した。その序文にラフカディオ・ハーン、サトウ、チェンバレンと並べてフレイザー夫人の名を挙げ、これらの人々に混じって日本について英文で記述することは気が重い、と書いている。

サトウやチェンバレンは、日本を情緒的にというよりは、その歴史や風俗を客観的に叙述し、紹介したというのが当たっている。ハーンはむしろ日本の昔話や怪談を通じて民俗的な情緒や精神面に焦点を当てた。この三人の著書は、その後も日本に関心をもつ人々の読み物として広く流布したが、それに比べればフレイザー夫人の書物は、流通した範囲が限られるように思う。にもかかわらず、新渡戸稲造がなぜここに名前を挙げて言及したのだろうか。おそらくそれは、桜への愛着を語り日本びいきの言葉を連ねるフレイザー夫人の叙述に新渡戸稲造が強く印象づけられ、頭からそのことが離れなかったためではないか。

新渡戸は、この著書の冒頭で武士道を桜の花とともに日本固有の「花」にたとえて語る。「武士道は、日本の象徴である桜の花とならんで、同じく日本の土壌に固有の花であります」。このように書き出されている。フレイザー夫人の桜の記述を新渡戸稲造が意識していたことは間違いない。新渡戸は、武士道の情緒的な側面を桜の花にたとえて語った。また、本居宣長の「敷島の大和心……」の歌や、国学の比喩を使った。『武士道』の副題である「ソウル・オブ・ジャパン（日本人のこころ）」を説明するとき、桜をどうしても引き合いに出さずにはおれなかった。桜を愛で、花見を楽しむ日本人への共感を叙述したフレイザー女史の英文の書物は、海外へ日本を紹介しようとする新渡戸稲造にとって、大きな意味を持つ参考書だったのである。

❖アメリカ人女性が見た花見

フレイザー夫人よりも先に、日本の桜の魅力、花見の楽しみについて熱い共感の言葉を公にした女性がいた。一八五六年に米国アイオワ州クリントンに生まれたシドモア女史（E.R.Scidmore）である。彼女は新聞記者を経て旅行作家として有名になるのだが、日本についての著作がデビュー作だった。一八九一（明治二十四）年刊行の*"Jinrikisha Days in Japan"*（部分邦訳『日本・人力車旅情』）がそれだ。

この日本旅行記は、一八八四（明治十七）年頃から何度か来日を繰り返していたシドモア女史が、その日本滞在体験を旅行記仕立てにしたものである。ちょうど日本は、急速な近代化へと邁進していた時代だ。彼女の関心は、庶民生活のなかの行事、慣習、風俗にあった。その体験は、はるかな過去から変わらない日本の風景のもとで営まれる日々の暮らし、というイメージに重ねあわされる。「古き良き時代」の存在を前提とした日本の消えゆく美しい過去への共感に強く裏打ちされている彼女の叙述を、オリエンタリズムと片づける人もいるだろう。たしかに過去から続くものへの共感と新しい施策への違和感が、叙述の主要なトーンになっている。

彼女が愛情を込めて描いたのが桜、とくに東京の桜の季節と花見の情景、そして花見に誘われる庶民の姿だった。

日本の首都はすっかり外国風に洗練されたけれども、花をあがめる人の気持ちは消えていない。暦は花の咲く時期に分かれている。

そして四月だ。見事に咲き誇る桜の花また花が国全体を白とピンクの花かずらで飾り立て、人々をよろこばせる。

（『日本・人力車旅情』）

……現実的なものにしか関心のない、情に乏しい人でも、日本の春がかもし出す詩的魅力に無関心ではいられないだろう。桜のつぼみが顔を出し、膨らみ、徐々に花開く。これは一般大衆の主要な関心事である。だから地元紙は、開花予想など、桜の名所からの速報を毎日つたえる。

（同前）

シドモア女史の日本体験は豊富であり、その観察は庶民的な視点からなされていることがわかる。ただ単に桜の美しさを自分の感覚でのみ受けとめて情緒的に共感するだけではない、ジャーナリストの観察眼がみられる。彼女は桜論ではなく花見論を展開できるほどに、桜と庶民とのかかわりを見ている。

上野公園でお花見の日曜日といえば、中流階級でも上位の人々の休日を意味する。これ以下の階層となると、一週間おくれで向島へ花見に行く。（隅田）川の堤に沿い一マイルも続く二列の桜並木。花ざかりを祝うことに変わりはないが、祝い方が上野と少しちがう。上野公園では、礼儀正しく、身なりもきちんとした人々が、名木の下で、馬車に乗ったり、散策したり、屋外のくつろいだ食事やお茶を楽しんでいる。「注意・芝生に入らないこと」の掲示はあっても、花見客がこの大公園を自由に漫歩することまでは禁じていない。

（同前）

上野公園の花見の、賛美をたっぷり含んだ描写はまだまだつづく。

パリのブーローニュの森とか、フィレンツェのカシネ公園、ベルリンのティーアガルテン公園といっても、花の日曜日の上野にはかなわない。

（同前）

これほどまでに日本の花見を観察して叙述した人はいないだろう。さらに桜の美しさ、上品な花見客によるにぎわいは、日本の社会情勢の現状と国民的性格の考察にまで及ぶ。

桜の木立には、茶屋の縁台がびっしりと並べられており、人々はここで食事をする—ひる、おそひる、夕食。酒も飲み放題。だが、一番たっぷりきこしめした御仁でも、他の者よりちょっぴり赤らみ、少しほろ酔い気味、わずかばかりおしゃべりという程度にすぎない。ツァー（帝政ロシアの皇帝）やカイゼル（ドイツ皇帝）にうらやましがられても不思議ではないこの東洋の統治者。何千という臣民が集まるものの、爆弾を投げつけ、暴動を起こし、パンを寄こせ、財産を分けろと要求するわけでもない。この臣民たちは、ひたすら桜と恋をし、桜を讃美する詩を書きたいのだ。桜のシーズンともなると、日本人の花や風景に対する生まれながらの情熱がひときわ燃え立つ——貴族にも、詩人にも、農夫、商人、人足の心にまで。

（同前）

❖上野と向島の花見客の違い

シドモア女史の上野の花見の描写には、自分自身も雰囲気に浸り込んだ快感がにじみ出ている。花見に対する共感がこれほどまで日本人のふるまいの好意的な叙述につながっている例は稀だろう。帝政ロシアで横行していたデカブリストやナロードニキの爆弾闘争を彼女は身近に体験していたのかも知れない。ジャーナリストらしくそんな情報には通じていたとも考えられる。社会全体が階層や思想ごとに閉鎖的な集団を組み、憎しみを他者につのらせ、みずから不安におののいている状態の国と日本とを対比させる手法で彼女は語っている。「緻密」と「瑣末」を混同しがちな歴史学者なら、ただちに反論の声を挙げずには気がすまないかも知れないが、彼女が見聞した世界各地の情勢との比較からは、こうした感想が本当のところだったろう。ここには、日本での最初の好印象や彼女のいわば特権的な身分からくる、客観的な分析を超えたひいきの感覚があることは否定できないが、彼女の真実のところが吐露されていることも否定できない。

上流階級の人々の花見を描き、また大衆の花見も描くシドモア女史の筆は、花見体験のない、そして花見の観察にも欠けている西洋人のなかではきわめて珍しい例である。

桜の季節がたけなわになると、皇居の庭園では、手入れの行き届いた木々が花開く。君主、廷臣たちは自作の詩を枝につるす。一方、浜離宮においては、春のガーデンパーティー（観桜御会）が催される。満開の花の下、宮廷関係者すべてが参集する。

彼女自身も招待されたことがある宮中の観桜会から、一般民衆の花見の雑踏まで、観察の幅は広い。

（同前）

さて、向島の祝宴は、隅田川東岸沿いに二マイル以上続く並木道、その両側にズラリと並んだ桜の木の下で繰り広げられる。これは客種としては上野より劣る一万人の大衆のためのものだ。日曜日は休息日なので、川面は小舟でいっぱいとなり、岸辺では、しかつめらしい表情をした小柄な巡査が花見客の流れを整理する。人込みの中だけに、仲間同士は、なにか目立つものを身につけ、互いにはぐれないようにしている。一列になって繰り込んだ人力車から降り立ったグループは、おそろいの派手な模様の手ぬぐいでほおかむりするか、模様のついた木綿地の布切れをカラーのように、着物のえりに巻きつけている。妙なかぶりもので変装した男たちを乗せた小舟が次から次へと川堤沿いに、櫓やさおで進む。

（同前）

外国人の観察の中で、上野と向島の花見客の客種の違いをこれほど的確に見てとったものはない。先に紹介した田山花袋の観察と同じものがここにある。東京に住みつき、日本の庶民そのものの暮らしをしていた田山花袋と同じレベルで花見の様子を描写している。シドモア女史が観察の鋭さとともに生活感覚においても庶民的な視点を備えていたからだろう。外国人にとって理解しにくい花見行動を、彼女は西洋の「カーニバル」と比較し、次のような解説を加えている。

向島のカーニバルは、古代ローマ人にそっくりだということをまた例示してくれるのが、この春の酒宴である。だから人は、向島のそばにかわいらしい小庭園があり、花冠で飾ったバッカスの彫像がそこに立っているのでは、と考えてしまうくらいだ。男たちが踊っている。サテュロスのようだ。おちょうしとひょうたんを手に持ったり、片手を伸ばして、花見の群衆に向かって演説をぶつ。全員が生まれつきの俳優、弁士、パントマイム役者なのだ。しかし、こんなに酔っぱらいながらも、表現するのは喜悦と親愛の情だけである。いさかいや乱暴な振る舞いはない。野卑な言葉も聞かれない。それがこの春の底抜け騒ぎである。

（同前）

シドモア女史の観察は、いささかひいき目の感じがあるが、外国人に向かって日本の花見の光景をこれほど微細に伝えたものはないだろう。日本の桜と花見を楽しむ民衆の姿にシドモアが心底魅了されたというほかない。このシドモア女史こそ、現在海外において最も美しいといわれ、春には盛大に桜祭りが行われる有名なワシントンのポトマック河畔の桜の生みの親というべき人物なのである。

桜の宴（the feast of the cherry blossoms）
フローレンス・ドゥ・ケーン『日本の花と庭』の挿絵。1908（明治 41）年にロンドンで刊行された。

第Ⅲ章　世界に花見はあるか

花見用の料理　《月次風俗図屏風》部分　室町時代

一、花見なきポトマックの桜

❖ワシントンの「桜祭り」

日本で行われているような花見が、世界の他の国でも行われているか。これを考えるとき、まず頭に浮かぶのは、アメリカ合衆国の首都ワシントンにあるポトマック河畔の桜並木である。

「ポトマックの桜」は日本人の耳にもなじみ深く、海外における桜の名所として知られているものだが、実際はどのように楽しまれているのだろうか。桜は存在しているにしても、花見は行われているのか。「桜祭り」が盛大なパレードを伴って行われ、桜の女王の選出や各種のイベントが催されることは、かつては外電でよく伝えられたものだ。ところが最近はそんなニュースが伝えられないせいか、または我々の関心が薄まったためか、その実態がほとんど伝わってこないとの印象がある。日本は海外でどのように見られているか、という従来きわめて強かった関心のありかに大きな変化があるとも考えられる。以前のように、日本の桜に関心が集まるとか、日本が関係している事象に注目が集まっているということを、それだけで喜ぶ風潮がずいぶん弱まったせいでもあるだろう。

じつはワシントンの「桜祭り」は、今も盛大に行われている。毎年四月初旬の一週間に開かれるこの催しは、英語ではNational Cherry Blossom Festivalと呼ばれる。二十四時間のテレホン情報サービスもあれば、インターネットでの各種催しの案内もある。私が引きだしたホームページ情報では桜祭りを支えるボランティアの募集が行われていた。とにかく盛大ににぎやかに行われる祭りであることは確かなようだ。

桜はポトマック川とつながり、その左岸に広がるタイダル・ベイスン湖の周囲に数多く植わっている。またタイダル・ベイスンを挟んで東西のポトマック公園があり、そのうち東ポトマック公園には二〇〇〇本もの日本の桜が植わっている。

では「桜祭り」はどんな風に行われるのか。まずタイダル・ベイスンの湖岸に立つ燈籠に点灯するイベントで祭りが始まる。そして一週間の期間中、ワシントン各所でコンサートやマラソン大会、レガッタ、パレードなどが繰り広げられるのである。昔から有名だった桜の女王の選出も行われる。ワシントンの「桜祭り」は太平洋戦争が始まる前、一九三五年から続く六十年以上の歴史をもつフェスティバルである。

しかし、花見はない。「アメリカ人のお花見は、桜の下を散策し、池のほとりに腰を下ろしたり、ボートから眺めたりするだけ」(『地球の歩き方　ワシントンDC』一九九六〜九七年版〔二〇一三〜一四年版にも同じ記事が掲載されている〕)。群桜《ぐんおう》は見事にあり、群集はかなりのものだが、飲食がまったく欠けているのである。やはりこれを花見と言うわけにはいかない。私自身はワシントンには比較的長く滞

ワシントンの「桜祭り」（2014 年 4 月）
桜の下で思い思いに楽しんでいるが、飲食の様子は見当たらない。

在したことがあり、タイダル・ベイスンやポトマック公園の桜並木を見ているが、花どきではなく、夏と秋の体験しかない。自分自身の体験で語れないのが残念だが、桜祭りの期間が「ちょうど桜の満開時と重なると人出は最高、道路はどこも大渋滞となる」（同前）というから、人出だけは日本の花見に匹敵するようだ。同じ筆者は「花を出荷したり実を収穫したりすることのない、ただ観賞するためだけ（しかもほんの数日間！）の樹木がこれほど大切にされ、大勢の人々が集うというのは、アメリカでは珍しいのではないだろうか」と書いている。まさにその通りだろう。アメリカで、一種類の花にこれほどの人が群がることはまずないようだ。私の言うような花見はないが、それでも世界的に見て、三要素の中の二つ、つまり三分の二の条件が満たされた「花見」が、ワシントンには存在するのである。

❖二〇〇〇本の桜の悲劇

ワシントン・ポトマック河畔の桜は、明治末期のアメリカ合衆国に対する日本の強い関心と、政治・外交上の必要による働きかけから誕生している。もちろん逆にアメリカ人の日本に対する関心と、政治・外交上の要請からも来ている。こうした日米それぞれの関心や利害の間に入って取り持ち役を務めたのが、先にふれたシドモア女史だった。

ポトマック河畔の桜が誕生する直接のきっかけは、明治四十二（一九〇九）年にさかのぼる。当時ワシントンは、都市の改造計画が進められ、ポトマック河畔一帯の埋め立てが終わったころだった。その後ここを整備して公園にすることは計画案に載せられていた。都市改造の目標を環境整備に置く考え方は、第二七代の大統領に就任したばかりのウィリアム・ハワード・タフトの夫人ヘレンが熱心だった。このヘレンと長年のつきあいをしていたのがシドモア女史だった。

タフトが大統領に就任したこの年、一九〇九年の春、シドモア女史はポトマック公園に日本の桜を植樹することを大統領夫人に提案した。女史は、自分自身が体験した上野や向島の花見のすばらしさを語った。そして日本から桜を移植して、ポトマック河畔に桜並木をつくり出すプランを提案したのである。水辺の公園という立地からしても、おそらくシドモア女史の頭の中には、東京の桜、とくに向島の桜のイメージがあっただろう。彼女自身が「客種としては上野より劣る一万人の大衆のためのものだ」(『日本・人力車旅情』)と述べた向島の桜、すなわち日本の庶民の花見がモデルになっているはずだ。

シドモア女史から提案を受けたヘレン夫人は、この案にすぐ賛意を示し、実現に向けて行動を開始した。当初、彼女は桜をどこかから購入しようとしたらしい。ところがこの話が、ニューヨーク在住の高峰譲吉やニューヨーク総領事の水野孝吉の耳に入った。高峰譲吉はタカ・ジアスターゼやアドレナリンの発見者として著名な薬学者・化学者で、アメリカ人の夫人をもち、日米友好に尽くしていた。彼らとシドモア、ヘレン、あるいは外務省、東京市長尾崎行雄らのやりとりがあり、そこから東京市が苗木を寄贈する案が生まれた。

そして一九〇九（明治四十二）年八月、東京市参事会は、ワシントン市に桜の苗木二〇〇〇本を贈ることを決めた。こうした交渉のなかに、なぜ東京市長尾崎行雄が頻繁に顔を出すのだろうか。それはこの二年前、まだ陸軍長官だったタフトがヘレン夫人同伴で来日した際、東京市を訪問し、また東京の桜に強い印象を受けたことを尾崎が知っていたからでもある。

東京市がワシントンに桜の寄贈を決めたころ、ちょうど日本の経済界の一行がアメリカ訪問の旅に出発した。団長は渋沢栄一。総勢五〇名を超す訪米団が、夏から秋にかけて九十日間、五〇以上もの都市を歴訪した。その際、彼らは友好親善の意味を込めて、東京市からの桜の贈呈を訪問の先々で米国側に伝えたという。

日本人移民労働者をターゲットにする排日移民法案が米議会に提出されるなど、アメリカの排外主義が強まり、日米間に険悪なムードが生まれていた時期だった。日米ともに外交に携わる者は、なんとか友好ムードを盛り上げる材料はないものかと捜し求めていた。ポトマック公園に寄贈される日本桜の苗木は、そんな願いにうってつけだった。日米双方がこの計画に飛びついたといってもよい。ところが、このプランに冷水を浴びせる出来事が起こったのだ。

東京市から送りだされた二〇〇〇本の桜の苗木は、太平洋を渡り、一九〇九年十二月十日、無事シアトルに陸揚げされた。そしてその後、貨車に積みかえられて鉄路アメリカ大陸を横断して翌年一月十三日に、ようやくワシントンに到着した。ここまでは長旅とはいえ順調だった。

ところが、予想もしなかった出来事が起きた。検査の結果、到着した苗木の半数以上が病害虫におかされているとは判明したのである。根にネマトーダ（線虫類）が寄生し、コスカシバの幼虫の潜入が発見された。多数の病害虫被害が発見されたため、アメリカの植物防疫法規にしたがって、二〇〇〇本の苗木はことごとく焼却処分されてしまった。

しかし東京市は再度桜を贈る計画を立てた。今度は苗木を育てる段階から十分な管理・監督でやっていこうという方針である。そこで、現在は静岡県清水市の一地区である興津《おきつ》にあった農商務省の農事試験場が選ばれ、万全の措置をとって苗木が育成された。台木は兵庫県のヤマザクラ、接ぎ穂には東京の荒川堤のソメイヨシノが主として用いられたという。一九一二年、今度は三〇〇〇本の苗木が用意され、送りだされた。発送に際して入念な燻蒸をおこなうなど、日本側も必死の思いだったろう。そのかいあって今度は三〇〇〇本すべてに、なんらの病害虫被害も発見されず無事アメリカ側の手に渡された。

植樹されたのは一九一二（明治四十五）年三月である。ワシントン・ポトマック河畔の世界的に有名な桜は、発案から三年の後、二度目の寄贈でようやく実現したものだったのだ（以上『ポトマックの桜――津軽の外交官珍田夫妻物語』、および『日本・人力車旅情』の「解説」より）。

❖最初の植樹桜は残っているか

ポトマック河畔へ最初に植えられた桜が残っているとすれば、西暦二〇一五年には百三歳である。

ソメイヨシノや「サトザクラ」と総称される観賞用の桜の品種の寿命は、四十〜六十年といわれる。ワシントンの一世はほぼなくなったであろうと想像される。

最近の調査は知らないが、一九七二（昭和四十七）年、これを入念に調査した日本人がいる。賀集《がしゅう》九平《くへい》、アルゼンチンで桜を広めることに半世紀以上を捧げた人物だ。彼は一九一五年から桜の研究をはじめた。興津の試験場、のちの国立園芸試験場が最初の職場である。巡り合わせというべきか、あのワシントンに贈る桜が育てられたその地である。桜が送りだされてからまだ間もない三年後のことだ。桜の世界普及にゆかりの深い地に勤務したことが、世界に桜を広めたいとの気持ちをかき立てたのだろうか。賀集九平は一九一八（大正七）年、アルゼンチンに渡ろうと決心し、実行に移す。それから半世紀以上にわたって、賀集はアルゼンチンに桜を広めた。

一九四八年に、賀集はアルゼンチンの日系紙にこう書いた。

私が過去五十五年間にわたって精魂をこめて繁殖した桜苗は全アルゼンチンといってよいほどに、ブエノス市並《ならびに》郊外を中心に、ミシオネス、サルタからリオ・ネグロ、ネウケンにいたる、北南千数百粁《キロメートル》にわたってひろまったが、おそらくその二分の一程度は、生育思わしくなかったことと思う。

（『アルゼンチン同胞五十年史』）

ひろまりはしたが、うまく育たないものも数多かったので、賀集はアルゼンチンでの桜の繁殖研究に取り組んだ。ブエノスアイレス近郊のエスコバル市に自ら花卉園を経営し、研究所を併設して桜の普及と栽培の研究に努めた。その後何度か日本にも帰国し、またアルゼンチン以外の世界の桜を見てまわっていた賀集九平は、その目で、移植後六十年たったワシントンの桜を詳細に調査しようと考えたのである。

なお、賀集によれば、ポトマックの桜の由来は、さきに紹介したストーリーと少々異なる。タフト大統領夫人に桜の植樹を進言したのは、植物学者のフェアチャイルドだという。彼は電話の発明者アレクサンダー・グラハム・ベルの女婿で、ベルが家族同伴で来日した時に同行し、日本で植物を研究した。そして帰国後フェアチャイルド夫妻が日本桜の美しさを説き、タフト夫人に進言に及んだのだという（「桜に就いて」、前掲書所収）。

さて賀集はワシントンの桜を調査したが、その結果によれば、まだかなりの一世の桜が生き残っていた。当初三〇〇〇本寄贈された桜のうち、八〇〇本のソメイヨシノはタイダル・ベイスン湖の周辺に、一八〇〇本の桜一一品種は東ポトマック公園に、残りの四〇〇本はホワイトハウスやその他の場所に植え付けられた。賀集の調査によればタイダル・ベイスン湖畔に植えられた八〇〇本のソメイヨシノのうち、五〇〇本程度は古木になりながらも見事な花をつけていた。また東ポトマック公園内の桜の品種のうち「関山」（八重咲き）は二五〇本程度植えられ、そのうち約一〇〇本は生き残っていたが、その他の品種はほとんどが枯死したらしい。総合すると三〇〇〇本のうち、生き残っていたのはソメイヨシノ五〇〇本、関山一〇〇本であり、それ以外は六十年末満で枯死したことになる。

タイダル・ベイスン湖畔には昭和四十七年時点で二〇〇〇本ほどの桜があって、一世にあたるソメイヨシノ五〇〇本以外は十年から三十年の二世・三世にあたるソメイヨシノだった。また東ポトマック公園の桜はほとんど関山で、一〇〇本の一世に加えて、十年から二十年の二、三世が二〇〇〇本ほど補植されていた。これが賀集九平の調査である。

賀集九平によれば、ニューヨークにもワシントンと同じ頃、桜の苗木三〇〇〇本が贈られたらしい。それらはハドソン河畔に植えられたというので、ワシントンと同時にここでも調査したが、当時の桜はすべて枯死し、一本も残っていなかった。けれども二〇〇〇本を越す七〜八年生の桜が育っており、それは日本人ではないある篤志家の寄贈によるものだということであった。

ワシントンにしてもニューヨークにしても、桜は植え継がれ、育てられている。日米の桜の交流は長い歴史をもっているし、アメリカ人に日本の桜はよく知られている。だが、花見の習慣はアメリカにはまったく育っていない。ワシントンでは花見とはいえないにしても、お祭りは盛大に行われているが、ニューヨークでは祭りの話も聞かない。桜は移植できても、花見を行う習慣は移植できないのだろう。

❖桜はあっても花見はなし

私の友人で二十年ほど前（一九八〇年頃）、ボストンに滞在していた研究者がいる。春先、同僚の日本人研究者と計画を立て二家族を核にして、アメリカ人の大学院生や若手研究者四、五人もさそって、総勢一五人ほどで花見に及んだ。場所は郊外のマウント・オーバン墓地である。

アメリカの墓地は、芝生がきれいに刈り込まれ、公園以上に公園風の心地よい場所である。アメリカにおける公園の発祥は墓地に始まるといってもよいほどで、墓地は美しく整備された市民の憩いの場所なのである。散歩する人、緑豊かな風景を楽しむ人がくる場所であり、墓参の場というより休養・レクリエーションの場といってもよい所である。

マウント・オーバン墓地にはおよそ一五メートルおきに桜が植わっており、なかなか見事な花を咲かせていた。その盛りに花見をしようというので、飲み物や食べ物を携えて、彼らは花の下に座を占めた。ところがはどなく管理人が現れ、退去するようにいわれたという。

なにがいけなかったのか。子供たちが騒がしかったからではない。芝生に座り込んでいたせいでもない。大勢が輪になっていたせいでもない。「飲み食いがいけない」と言われたのである。"no food, no drink !"と言い渡された。それで仕方なく飲み食いをやめて、「花の下での集い」を継続したのだが、いくら話題をつなごうとしても三十分くらいしかもたなかったという。

飲食を禁じられてしまうと「花見」はもたない。私の定義する花見の三要素のうち、飲食という大事な要素が禁止されてしまったのである。これでは花見は続けられないし、花見の習慣も育ちようがない。

彼の話では、ボストン市内の公園「ボストン・コモン」でも、花見がおこなわれている姿を目にしたことがなかったという。誰もが入れ、しかも飲み食いが禁じられているわけではない緑の公園で、花見に興じる一組すらいない。二年間の滞在中、けっきょく花見の姿は見えず、自分たちが試みた花見もやめさせられてしまった。

二、世界の花見事情

❖ブラジルの花見（南北アメリカ大陸）

賀集九平は、アルゼンチンで桜の植樹に尽くした。賀集によれば自分の研究所内に八重桜「関山」を植えた六〇〇メートルの並木道をつくったり、「松月」という品種を二〇〇本も群植したりした。そしてさきに述べたようにブエノスアイレス近郊にとどまらず「アルゼンチン全土南北二〇〇〇キロメートルにわたって」桜の植樹に努めたという（『世界の日本ザクラ』）。しかしそのアルゼンチンでも、花見だけはまったく広まらなかった。

花見はけっきょく日本から桜の輸出があった国、アメリカやアルゼンチンでも生まれなかった。カナダ人の日本研究者数人に尋ねた範囲では、北米カナダにも花見の習慣はない。

南米ブラジルは、桜だけでなく日本人も移民として移り住んだ。その子孫が多数各地に居住し、日本では勢いが衰えた地域行事としての運動会や盆踊りが、日系人を中心におこなわれている。もっとも、かつて一世が元気で多数を占めていた頃の盛んな行事とはいえなくなってはいる。とはいえ、日系人が準備して運動会や盆踊りをしていると、ラテン系やその他非日系のブラジル人が、自分たちも参加できないだろうかと集まってくる。そうして日本人・日系人だけではない「国際的」な運動会や盆踊りが、ブラジル各地でおこなわれているという。サンパウロにある「ブラジル日本文化協会」でそんな話を何人もの人から聞いた。

では、花見はどうか。日系人のグループでは花見をするという。在ブラジル四十年に近い人物に話を聞いたが、移住してきた当時から日系人は花見をしていた。しかしかつてより今の方が盛んで、自分の印象ではここ二十年程（一九八〇~九〇年代）でますます盛んになった感じがするという。それは各地にサクラが増えたからだ。日系人個人や日本人会が桜の植樹を各地ですすめた結果である。

サンパウロの郊外には桜が群れ咲く公園がいくつもある。ただしブラジルの桜はほとんどがオキナワザクラと呼ばれる紅色の桜である。暖地に分布するカンヒザクラの系統だろう。日系人はこの桜の下で、「さくら見」や「さくら祭り」を開く。彼らは花見とはあまり言わない。けれどもただ観賞するだけでなく、弁当や酒をもって行って宴会をする。日本の花見と同質の催しである。にぎやかにやっているのを見て、日系人以外の人も仲間に入れてほしいとやってくる。こうして非日系人も巻き込んだ「国際的」な花見が生まれている。アメリカ大陸の北も南も、桜はかなり普及したのだが、花見は日系人の多いブラジルのみに定着したのである。

❖商業主義が盛り上げる大連のアカシア祭（中国）

では、アジアの国々ではどうか。日本とほぼ同じ緯度の上にあり、もともと日本が梅花の宴を学んだ中国では、花見はないのだろうか。明治時代の来日中国人は、日本の花見をともに楽しんだ人たちである。

結論からいうと、やはり中国にも花見はない。私の職場には中国からの研究者がいつも誰か滞在している。だからこれまでなんども中国には花見があるかと尋ねた。その結果である。

現代中国の花見の有無について書かれたものからさぐるとすれば、私がこれまで見つけたのは次の一冊しかない。日中の民俗比較研究者である賈蕙萱《かけいけん》が、日本人の春日嘉一とともに日本と中国の習慣・風俗の類似・相違についてまとめたものである。

「花」と題された一章のなかで、賈蕙萱は、上野の花見への驚きを述べている。

〝息の詰まるほど〟これは誇張ではありません。上野の花見には、本当に圧倒されました。中国にも花見はたくさんあります。でもそれは文字通り花を楽しむものです。もちろん中国の花見にも、まったくお酒がないわけではありません。旧暦の九月九日、重陽の節句のころ、北京はもみじと菊の季節ですが、「燕京歳時記」には〝都人は茶壺を提げ、酒器を携えて城外に出て高処に登る〟と書かれており、このとき楽しむ酒は菊花白酒です。いまでもその習慣は残っています。しかし桜の花の下で酒を酌み交わし、唄い踊るような光景は、北京では見られません。

(『日本と中国　楽しい民俗学』)

やはり花見はないといってよい。各種の「花見」はあるとはいえ、それは「文字通り花を楽しむ」だけで、花の下で歌い踊り酒を酌み交わす光景はないと書かれている。しかし秋の紅葉と菊の季節には、人が集まり屋外で酒を飲む習慣はかつてあり、今も残ってはいるようだ。

賈蕙萱は北京生まれの北京育ちである。では他の地方ではどうか。南部浙江省《せっこうしょう》の省都・杭州にいる日中交流史の研究者は「花見がある」と書き送ってきた。「杭州では、家族そろって食べ物(たとえば月餅)や飲み物(たとえばお茶)を丸い机に置いて、食べたり飲んだり話し合ったりして金木犀《きんもくせい》の花を楽しみます」とのことだ。季節は秋である。同じ時期、「開封(河南省)では月餅を食べながら菊の花を楽しみます」と書き添えてある。新しい行事として「四月中旬ごろ、洛陽(河南省)では国際牡丹祭りを行って、各国から観光客がたくさんきます」とあった。しかし特定の花にだけ人が群れ、全国が花見でにぎわうわけでなく、杭州はキンモクセイ、河南省や山東省はボタンが人気といったふうに各地で異なる花が好まれ、しかも大勢が酒・食をまじえて宴会に及ぶことはないようだ。そこで、私の花見の定義を伝えて、確認したところ、やはり「日本のような花見はありません」と彼ははっきり断言した。日本のように花に誘われ屋外で人々が酒を飲みにぎやかに食事するような行事はないとのことだ。

では東北・満州ではどうか。大連民族学院日本研究所に、日本と中国の民俗・文化の研究者がいる。彼は桃にまつわる民俗の日中比較のために、一九九七年日本に滞在していたが、その折に花見の習慣はある、と答えてくれた。

どんな花見か。それは桜の花見だという。家族友人みんなで、飲み物や食べ物をもって出かける。ところがその場所は大連市の龍王塘といって、かつて日本人がつくった桜の名所だという。しかも大連以外の東北地域では花見はないと彼は言うのである。だから、花見が広く中国・東北地方で行われていることを意味しない。彼は「日本からの影響でしょう」と語った。

おもしろいことに、大連ではアカシア祭が行われているという。清岡卓行の小説『アカシアの大連』でも有名になったように、大連はアカシアの町である。そこで毎年五月下旬、アカシアの花盛りに、祭りが行われる。アカシアの花も見るが、アカシアの花の天ぷらを食べると聞いている、と彼は語ってくれた。しかしこれは商業主義が盛り上げて天ぷらなどを考え出したらしく、庶民一般のものにはなっていないようだ。

中国にもやはり花見はないと言うほかない。

❖花見と同質の楽しみをもつ国（韓国）

さて、お隣の韓国ではどうか。やはりここにも花見はない。花がきっかけをつくり人びとが屋外に繰り出して、飲めや歌えの宴会が行われることはない。だが他の地域と異なって、「花がきっかけ」という条件を除けば、屋外の宴は日本より盛んかも知れないという。

韓国は先祖崇拝が強い。目上や年上の人を敬う気持ちは広く存在する。だから各家では、春先と秋口に家族親戚が集まり、先祖の墓に詣でることが年中行事になっている。いうならば日本の法事に似ているのだが、その後には宴会が待っている。

韓国の墓は自然の野山に存在する。そこで宴会はしぜんとその野山で行われることになる。ある人の説では、日本人以上に歌いかつ踊る野山の「遊び」が盛んだという。韓国の楽器は肩からかけて演奏できる太鼓や鉦《かね》など、屋外宴会にかなったものではないかという。

とくに春先、若草が萌え出す頃、一種の「野遊び」「山遊び」として大勢が集まって飲み食いし、歌い踊る宴を開くことがある。最近では減少したかも知れないが、かつては盛んだったという。先祖祀り行事としての性格が基礎にあると思われるが、花の不在を除けば、日本の花見と同質といってよい。

韓国の山は日本と違って常緑樹の景観ではない。落葉樹の、それも木々がまばらな植生が多い。そこで、春の若草が野山を覆う頃は、とくに美しい季節となる。それまで色に乏しかった一面の褐色の景観が緑に変わる。「緑の花」が咲きそめると見てもよい。だとすれば、ここには花見と同質の楽しみがあるというべきだろう。

先に挙げた賈蕙萱の本にもこんなことが書かれていた。上野の花見の驚きを語った賈蕙萱に朝鮮族の同僚が「それは日本ばかりではないよ。オレの故郷にもある光景だ」と言ったという。そして賈蕙萱は、次のようにつづけている。「朝鮮との国境に位置する延辺地区は、朝鮮族をはじめ、いくつかの少数民族が住んでいる地域ですが、この地方の人びとは、花見どきはもちろんのこと、気候の良い時は、休みの日ごとに公園や山にくり出し、歌い踊るというのです」と。どうやら朝鮮民族は、同じ花見ではないにしても、きわめてよく似た習慣をもっているようだ。賈蕙萱はこの話を聞いて次のような感想を述べ、推測をたてている。

私は歴史で教えられた、渤海国と日本の交流を思い出しました。渤海国は、現在の延辺地区に存在した国であり、日本と盛んな交流を行っていました。それは遣唐使の数をはるかにしのぐと言われます。この国から日本に行って定着したものもいるでしょうし、風俗習慣も多分に影響しあったと考えられます。私は、漢民族のそれと比較して、日本人の花見にただただ驚き、違いを感ずるのですが、歴史を見れば、海を隔てた両側に、千年も、それ以上も似たような習慣をもって生きている人びとがいたのです。日本の花見の習慣は、大陸との交流の所産なのか？　とても知りたい事柄です。（同前）

中国漢民族は、日本の花見と似た行動を取り、朝鮮民族は、地域の植生の違いを考慮すれば、同じような「花見」行動をするといえるかもしれない。

❖「文化的美学」こそ観賞の条件（ヒマラヤ地域）

東アジアは、広い意味でなら花見の文化圏といってもいいように思う。だが東南アジアになると、タイでもインドネシアでもベトナムでも、花見のような宴は存在しない。花は四季を通じて咲き、花の豊かな季節が特別に意識されたり、それまで乏しかった花がいっせいに咲き出して人の心をかきたてることは起こらない。花は意識されるが、ある時期に大衆行動を左右するような突出した花はないのである。

だが、一つ気になる地域がある。それはネパールである。日本と同じく桜が自生するもう一つの地域だ。少し正確に言うと、日本のヤマザクラ群やヒガンザクラ群などと同類の桜が、中国では西南部の四川・雲南省、そしてインド・ビルマの高地、ネパール・チベット・ブータンといったヒマラヤ高地に分布している。日本と同じような桜がこの地域では咲くのである。だが、これらも花見の対象にはなっていないようだ。

日本人としてはいち早くブータンに入り、植物・民俗調査をした中尾佐助も、桜の存在は報告しているが、花見についてはまったくふれていない（『栽培植物の世界』『花と木の文化史』など）。またその後、同じくこれらの地域を調査した植物学者の原寛は、ヒマラヤの海抜一五〇〇～三五〇〇メートルの山地に生育している桜を報告しているが、花見については一切ふれていない。

この地域に日本のものに似た桜が生育していることをいち早く書いたのは、戦前の植物学者で、「桜博士」の名を戴いていた三好学である。三好学はビルマやインドの山地には美しい桜があることを述べ、これをヒマラヤ桜と称している（『桜』）。こうして戦前から桜の存在は知られていたが、花見をするのか、するとすればどのように観賞するのかはまったく報告されていない。

私の友人に植物学者、園芸学者であり、みずからプランツ・マン（植物人）と名乗っている人物がいる。彼は四川・雲南省をはじめヒマラヤ地域に幾度となく入り、植物調査をしてきた。現代ではもっともこの地域の植生に詳しいといってよい人物だが、彼の言によっても、この地域で桜の花見をしている姿を見たことがないという。そもそもこの地域の桜は多くが秋咲きであるという。季節としても、屋外で花を愛でるにはふさわしくないようだ。

中尾佐助は、唯一このような問いに答える民俗学の視点をもった植物学者であった。彼は、ヒマラヤのシャクナゲを例にして、花の存在と観賞行為の発生とは一致しないと語っている。ヒマラヤ中腹以上の高地には、きわめて多種のシャクナゲが生育しており、これが早春の頃に群生して咲いていると、花に関心をもたない人であってもその美しさに見とれるほどだという。ところが、この地に住んでいる人々はこの花の美しさにまったく関心を示さない。話をしてみるとシャクナゲは美しいと言うし、それぞれの種類の名前も記憶している。どの種類の材が有用で、どの種類の葉が煙草を巻いたり紙の代用になるなどとは言う。ところが花の色をきくと、どの種類がどんな色かはじつにあいまいである。赤、白、ピンクなどいろいろあるといった答えが返ってくる。しかもシャクナゲを取ってきて庭に植えることは皆無である。

中尾佐助の観察では、寺院や大きな家には、たまに花の鉢植えが見られるが、ほとんどがコスモスやマリーゴールドだったという。どちらもメキシコ原産で、外来の花だ。要するにはるか異国の地の花で、彼らにとってあこがれの異境、文明の香りがするからこそ植えている、と中尾佐助は見る。彼らの「文化的美学」にかなっているから植えているわけで、その点で土着のありふれたシャクナゲは、いくら美しくても観賞の花、庭木にはならない。

彼らにとってシャクナゲの花がほとんど問題にならないのは、また別に大きな理由がある。その葉は有毒であり、ヤクなどの家畜の放牧場で、家畜が食べないので繁茂しすぎ、牧草栽培のじゃまになる。むしろ彼らはシャクナゲをなくしたいと思っているほどだ。有用性を離れ、花そのものが美しいと見る「文化的美学」が育っていなければ、花が存在し、しかもそれがじつに美しくても、観賞という行為は生まれないようだ（『花と木の文化史』）。ヒマラヤ桜は、この地域の人びとを、観賞や「花見」の行為に誘い出すものではないらしい。

❖「見事な桜」が花見の条件ではない（ネパール・インド）

日本人のヒマラヤ桜の観察からは、ネパールでは花見がまず存在しないように思える。そこで最後にだめ押しをしておこう。あるネパール人研究者に花見があるかどうかを尋ねた。彼は、ネワール族である。ネワールは首都カトマンズの主要な住民で、もともとネパール盆地に住んでいた原住民だった。一七六〇年代の統一国家形成で生まれたネパール王国の国民構成では、人口のわずか三パーセントにすぎないが、ネパール文化で占める位置は大きい。彼らはみな花好きだという。春にはたくさんの花が咲き、人々は花を楽しむが、特定の花に好みと観賞が集中することはない。また花を神にささげる行事はたいへん多いが、野外で自然に咲いている花を見に行くことはないという。

インドレジャトラの祭りでは、花を神にささげるが、これは天からインドラの神が地上に美しい花を盗みに来るのを鎮める祭りだ。花をささげる理由は、いくら神様でも人のものを盗むのは良くないという、いわば「教育的」な観点もあるという。また、この祭りが酒と結びついて宴になるようなことはない。ネパールでは宗教施設に出かけ、野外で飲食をすることはある。もっとも大がかりなのは秋の収穫祭だという。だが、これは花とは無縁である。

カトマンズ空港から市内への道路に桜並木がある。しかしこれは十二月に咲く桜で、最近植えられたものであり、開花期にここで花見をするような人はいない。海抜一五〇〇～一六〇〇メートル以上にはシャクナゲが生育しているが、観賞に出かけることはなく、ましてや飲食物をもって行くことなどない。花がきっかけで酒宴に及ぶ、日本のような花見はない、というのが結論だ。桜、それも見事な桜があっても、花見が生まれるとは限らないのである。

ネパールに触れたので、これに接するインドの花見についても述べておこう。インドには花見はない、とはっきり述べてくれたのは、ジャワハルラル・ネール大学の言語学教授で、俳句研究家でもある人物である。彼の話では現在インド人にもっとも人気のある花はバラであろうという。伝統的にもっとも関心が高かったのはハスだが、これが咲いているところへ観賞に出かける習慣は今はない。切り花として祭りの際の供花に用いられるだけだ。祭りの多くが植物ではなく川と結びついているのがインドの特徴だという。花の種類は多いが、観賞に出かけるものではなく切り取って飾るためのものだ。

彼が花見に匹敵するインドの行事として挙げてくれたのは、月見である。日本と同じく秋、しかしインドでは九月ではなく十月だが、アグラではタージ・マハールを眺めながら月見をするのが毎年の行事としてあるという。タージ・マハールが建立されたのは一六三二〜四三年のことだ。それ以前から北インドでは満月のとき屋根に上がって、米と牛乳で作られた月の光が入っているというお菓子を食べながら月見をしたという。飲むのは酒ではなく、牛乳だとのことだ。インドでは、花がきっかけをなして大勢が集まる行事はないうえに、酒宴も民衆のものにはなっていないようだ。

三、欧州人の花の観賞法

❖歩きながら観賞する（ドイツ・オーストリア）

ヨーロッパの花見の不在については、すでにはじめのところでも私自身の体験をもとに述べた。ここでは各国の人に尋ねた結果から、ヨーロッパには花見はないことをもう少し別の角度もとりいれてみてゆきたい。

私が長く住んだのは北ドイツだが、ここには花見はない。プロテスタントが強く、宗教的な祭りやにぎやかな行事がもともと乏しいせいかもしれない。というわけで、同じドイツ語圏のキリスト教でも、カトリック系が多く宗教行事が派手で、祭りが盛んな南ドイツ、オーストリアではどうだろうかと考えた。

庭に植えられているのではなく野外で咲く人気のある花といえば、やはりライラックかマロニエである。公園や街路でこれらが花盛りになると人々は散歩に出かける。だが、いずれもゆっくり歩きながら、あるいはベンチに座るなどして観賞するだけ。北ドイツと変わらないようだ。大勢で出かけるのでもないし、飲み食いはともなわない。春が来て心地よい気候になるとピクニックに出かける。川岸や野原で食べ物、飲み物を広げるが、花は必要ではない。緑は必要だが、大勢ではなく酒も必ずしも必要ではない。

ザルツブルクではオーストリア人と日本人が桜の開花にあわせて集まり花見を行っているが、十数年前（一九八〇年代）に日墺親善の考えから始められたものだ。オーストリアの首都ウィーンでもかつて、在住日本人一人一人が桜の植樹をするイベントがあり、それ以来花見を行っているが、いずれもオーストリア人からの提案ではない。いまも彼らが花見を言いだすことはない。花見時になるとそわそわするのは在住日本人だけだ。

❖収穫祭・復活祭と宴（南ヨーロッパ）

イギリスの事情については、すでに述べた。フランスもオランダも、ベルギーやデンマークにも花見は見られない。アルプス以北の西ヨーロッパでは、カトリック圏であれプロテスタント圏であれ、花見はない。花をきっかけに人が群れることも、その群が酒や食べ物でにぎわうこともない。

ではアルプスより南のイタリアではどうだろう。結論を言ってしまえば、ここにも花見はない。花が主役の祭りはある。それはたとえばローマ郊外のジュンツァーノの町の花祭りである。大通りに五〇〇メートルにもわたって花絨毯ができる。六月の花の祭りで、アネモネやストック（ニオイアラセイトウ）やバラが使われ、キリスト教の物語や模様が描かれる。アンデルセンが『即興詩人』のなかで「ポンペイの床のモザイクもこれほど美しくはない」と絶賛した、原色の鮮やかなものだ。似た行事で広場や道路に花を敷きつめ、模様や文字を描いて花の絨毯をつくることはヨーロッパには少なくない。これに見物客が集まるのである。使われるのは首から先を摘み取った花であり、それも色が大事だ。野外に生えている花、植えられた花に群集が群がることはない。

バラはやはり一番人気が高いが、バラ園に観賞に行くだけで、これも歩きながらの観賞であり、立ち止まることはしても、座り込んだり、ましてや飲食物を広げることはない。

植物にかかわる祭りといえば、ブドウやイチゴの収穫祭があるが、これらは収穫の場とは別に屋内か庭先で飲み食い歌い踊る。花をきっかけにした野外の祭り、野外の宴ではない。

復活祭（イースター）には海辺や野山、屋外での飲食がみられる。しかしその多くは復活祭の翌月曜日にそれぞれが持っている小別荘に行って、家族が共にその庭やベランダでワインを飲み食事をする程度。復活祭は春分後の満月直後の日曜日であり、気候は申し分ない。野外での食事も心地よい。だが、これは花とは関係がない。花・群集・飲食は、必ずしも結びつかないのである。西ヨーロッパは北も南も花見は不在であるといってよい。

なおついでながら、イタリアで桜がたくさん植えられているのは、新都市のEUR（エウル）である。ムッソリーニがファシスト・イタリアの威勢を示そうと計画し、第二次大戦後はローマ郊外の新都市として計画が続行されたこの町には、「日本通り」と名づけられた桜並木の通りがある。ここでもやはり、「花見」は行われない。

❖シベリアの「緑の花見」（ロシア・ブルガリア）

次に気になるのは、旧東欧圏やロシアである。この地域は大づかみにするとギリシア正教の文化圏と言ってもよいだろう。同じカトリックでも、西ヨーロッパのローマ―カトリックとは違う。ギリシアーカトリックともいわれるこのキリスト教は、十一世紀にローマを中心とするローマ教会と断絶し、コンスタンチノープルを中心とする東ローマ帝国の国教として発展した。教義・儀式などが重視され、神秘的な傾向もあるが、東欧とロシアが共通にもっている文化には、ギリシア正教によると考えられるものが少なからずある。そこで花見も、この文化圏のまとまりで考えてみようと思ったわけだ。

しかしロシアに花見はない。数人のロシアの日本研究者がそろってこう答えてくれた。モスクワ生まれの研究者は、春には各種の花が咲くから郊外に見に出かけることはあると言う。だがそこで何かの行事を行うのではなく、摘んで家に持ち帰り、室内に飾るのだ。春が来て最初に花を咲かせるのは草本類、それも球根性の草花だ。木の花には、日本にもあるエゾノウワミズザクラがあり、これにもロシア人は心を惹かれるが、好まれるといえばライラックなども同じで、とくに「サクラ属」の花に関心が集まるわけではない。

シベリア出身の研究者は、「トロイツァの祭り」を教えてくれた。これはキリスト教が入ってくる以前からあったのではないかと彼はいう。しかしトロイツァは、「三」あるいは「三位一体」につながる言葉のようで、以前からあったとしてもキリスト教と交わって現在に至るとみた方がよいかもしれない。ともあれ、草が萌え出るのを祝い、屋外で食事を楽しみ酒を飲むという。冬の寒さが厳しく、地上は雪に覆われているシベリアの大地に緑の草が戻ってくる。それはじつに心を打つ光景だろう。この祭りを名づけるとすれば「緑の花見」だ。春の花が咲きはじめるときの気分をはるかに上回るものかもしれない。

モスクワ生まれの研究者も、この祭りについて語ってくれた。シベリアのみならずロシア全体にあてはまるそうだが、五月にいったん暖かくなり緑が萌え出て、その後再び寒さがぶり返す。その前にロシアの広い地域で「緑の花見」が行われているようだ。

しかしこのときどのように食事、酒宴が行われるのだろうか。屋外とはいえ、「トロイツァの祭り」が祝われるのはダーチャと呼ばれる小さな別荘においてだという。ロシア人の都市民はその多くが郊外にささやかな別荘を持っている。そこに出かけて、たいていは家族でこの祭りを祝う。屋外の飲食とはいえ大勢ではない。酒を飲んで歌い踊るといっても家族か、せいぜい招いた友人と屋内でダンスをする程度だ。「緑の花見」は、日本の花見ほど共食の範囲は広くない。

ブルガリアの日本文学研究者の答えも、はっきりしていた。「花見はありません」。ブルガリアでもっとも好まれる花はバラだという。バラの祭りならあるとのことだ。

バルカン山脈には「バラの谷」と呼ばれるバラの大栽培地がある。バラは「ブルガリアの金」といわれるほどブルガリアの経済に大きな位置を占める。世界の香油の七〇パーセントがブルガリア産のバラ油から生産される。バルカン山脈の麓にあるカザンラック（カザンルック）の町がバラとバラ油の集散地だが、ここを中心に五月末の日曜から六月はじめの日曜にかけて八日間「バラの祭典」が行われる。ふだんはひっそりしたこの町が、民族舞踊あり、パレードありの祭りで大いににぎわう。ワインやご馳走を並べた宴会がレストランや家庭で開かれる。バラの摘み取りが終わった収穫祭であり、ブルガリア最大の祭典だという。

だがこれはバラの観賞と結びついたものでなく花期が終る頃に行われる。しかも野外での飲み食いが伴ってはいない。その日本文学研究者は「日本の『花見』のような習慣はどこにもないと思いますけれども……。どうでしょうか。ありましたか」と聞き返した。たしかに旧東欧圏にもないように思う。

❖桜は"SAKURA"（チェコ）

ロシアやバルカン諸国（ブルガリア、アルバニアなど）は、性格が少しずつ異なるとはいえ大づかみにいえばギリシア正教（東方正教会）の地域である。一方、ハンガリー、チェコ、ポーランドなどはこれまた大づかみにローマン・カトリックの国といってよい。そのことが花や木に対する姿勢の違いにあらわれていないだろうか。

さて、ハンガリーにも花見はない。ハンガリーでは、とくに好まれる花を挙げるのも難しい。桜に似ているといえばリンゴの花がいっせいに咲くが、これを見に行くという習慣はない。日本の桜も導入されたが、うまく定着した例がないようだ。

ポーランドにも花見はない。チェコにもない。だがチェコには、日本の桜に関しておもしろいエピソードがある。教えてくれたのはチェコの日本文学研究者で、とくに平家物語の異本の研究では第一人者であるカレル・フィアーラ氏である。

チェコ語で桜は「SAKURA」というのだそうだ。もともとチェコ語には桜に当たる「チェーシニェ」という言葉がある。これは英語のチェリーと同源であり、実のなる桜の木、あるいはサクランボを指す。花を観賞し、実がならない桜は「チェーシニェ」とは呼ばず、「サクラ」と呼ぶのである。

いま「サクラ」がチェコ語として使われているのは、熱心な日本ファンだった戦前の実業家・作家ハローハの影響ではないかという。彼は明治末に（一九〇七年まで）日本に滞在し、帰国後『風にさらされた桜』などの作品を書いた。この小説のタイトルには「チェーシニェ」ではなく「サクラ」がそのまま使われている。登場する日本の美しい娘の名前「桜」をも意味しているのだろう。ハローハは、チェコ（あるいはヨーロッパ全域）にある実のなる桜の木、すなわちセイヨウミザクラではなく日本産の花だけのサクラを知らせたかったのかもしれない。

この作品は二七刷りを重ねるほど広く読まれたという。日本とサクラとは、これによってチェコ人の心の中でしっかりと結びついた。架空の日記体で描かれる日本での滞在と日本人の暮らしの様子には、上野の花見がたっぷり登場する。ハローハは日本娘「桜」をお供に、相撲見物など花見以外の日本の習慣・風俗も数多く見聞するのである。「これで、この国の文化について本を書くための材料は揃ったでしょう」と日本娘・桜が語る言葉は、ハローハのこの小説が日本紹介を考えたものだということを示している。そしてこの作品はチェコでの日本イメージ形成に大きな影響力を持った。

❖「木の信仰」をタブー視したキリスト教

チェコでは五月を「花月」という。花が咲きそろう季節だからだろう。また復活祭前の「花の日曜日」やマリアに花をささげる「五月（花月）の連日ミサ」がある。フィアーラ氏の解釈では、これらはもともとキリスト教以前の木を祀る信仰、花を祝う儀式の名残で、野の花で編んだ花輪を頭にかぶって、娘たちがバラの花を撒く「花行列」も同じような起源ではないかという。

九世紀にキリスト教がこの地域に入ってきて、土着の信仰や儀礼はキリスト教の行事のなかに吸収された。さらにイエズス会が十七世紀以降に推し進めた「強制的な再カトリック化」運動によって、春の民俗行事はキリスト教の復活祭の行事にしっかり組み込まれたと考えられる。ところが第二次大戦後の共産主義時代には、これらの儀礼・行事はみな禁止され、メーデーの祝賀行事におきかえられた。その後、共産主義の崩壊と冷戦構造の解体による雪解けで、民俗行事が復活しているとはいえ、フィアーラ氏も言うように今おこなわれているそれら「伝統行事」（「花の日曜日」や「花行列」）の歴史的連続性には問題が残る。

共産主義以前、はるか昔にキリスト教からもっともタブー視されたのは木の信仰、木霊の崇拝で、これによる衝突を避けるため、土着の信仰のなかの花は「木に咲かない花」に向けられたとフィアーラ氏は推測する。たとえばチェコ人はサクラ（つまりサクランボ）の木やリンゴの並木を散歩するのを好む。また特に、民族のシンボルである菩提樹の、それも花を咲かせているときの並木を好んで歩くが、それ以上の儀式も祭りも、これにまつわる民謡もない。キリスト教によるタブー視の結果かもしれない。たとえキリスト教以前に日本の花見に似た行事があったとしても、それは失われただろうという。しかも「花見」のような行事はアニミズムとも関係があり、当然魔女狩りの対象ともなり得たとフィアーラ氏は想像する。

現在のヨーロッパにおける花への関心は、たしかにキリスト教の影響が著しいだろう。バラやユリはそんな例に当たる。キリスト教以前のヨーロッパの宗教感情には、別の花が影響力をもっていたと考えてもおかしくはない。かつて木の花がもっていた霊力は、キリスト教の浸透によって力をそがれ、無力化されてしまったのかもしれない。ドイツでもイギリスでも桜やリンゴの花盛りの下を通り過ぎる人の姿を見て、それはあり得ることだと思うようになった。

まったく花見をしない、花見に近い振る舞いを見せないヨーロッパの人々を見て、なぜだろうかと考え込んだのが、「外国に花見はあるか」という問いの出発点だった。私はこれまで何度か東京の青山墓地で花見をした。そこでは外国人も、よくにぎやかに花見をしていた。各国大使館が近いせいもあるだろう。飲み物や食べ物を携えて、ゴザの上に円座を組み、外国人だけで花見をしている姿をたくさん見かけた。彼らが帰国後、この行事を自国でも継続しているかどうかは調査していない。おそらく日本にいるときだけの季節行事に終わっているのではないかと思いつつ、できれば各国に日本で体験した花見をわずかでも持ち込んでくれないかとひそかに願っている。

第Ⅳ章　花見と近世都市江戸

民衆的日本文化の誕生

歌川広重《東都名所　御殿山花見》部分　天保年間

一、大衆文化としての花見の成立

❖火事とケンカは江戸の華

花見の盛んな時代といえば、やはり江戸時代を思い浮かべるのが普通だろう。花見の盛んな地域を考えれば、その筆頭はやはり江戸ということになる。江戸という時代の、江戸という都市と花見とは、深くむすびついているように思う。

火事とケンカは江戸の華——。

この「江戸の華」という表現は、もちろん近世日本を代表する都会となった江戸の活気を示している。火事とケンカに共通する騒々しさ、日常性を破る興奮、これが花にたとえられるとすれば、花どきの華々しさにみられる活気との類似が感じられるからだろう。とすれば、それは木の花、とりわけいっせいに咲く春の花がふさわしい。

桃、桜が古来その代表であるのは間違いないが、昨今ではユキヤナギやレンギョウなどもいっせいに咲くのが目につく。これらも、春を代表する人気のある花木の仲間入りを果たしている。だがどうみても、火事とケンカに並び挙げるにふさわしい花として、桜に勝るものはない。その他にも江戸っ子の気っぷのよさ、威勢のよさと、桜の散り方のあっさりしていることとの類似性、あるいはまた江戸の花見の盛んなことなど、「花」とは桜をおいて他にない。とりわけ、江戸とそこに住まう人びとを桜と結びつけるのは花見であり、花見は、近世都市江戸を特徴づける重要な行事だった。

「火事とケンカは江戸の華」という言い回しが生まれたのは、花を代表する桜の名所が江戸には数多く、しかもそこでの花見が盛んであったためだろう。「花のお江戸」というなじみのある表現もまた、同じような理由から生まれたと思われる。そこで花見をめぐってあらわれる諸現象をたどれば、都市江戸と江戸びとの特徴あるかかわりを描くことができる。そしてそれは近世の日本社会の特徴を浮き彫りにすることにもつながるだろう。

❖「花」が桜を示すようになったのはいつか

いま、花見という言葉を聞けば、だれもがサクラの花見を連想する。だが、かつてはきわめて多様な「花」見があった。桜のほかに梅・桃・桜草・山吹・藤・躑躅《つつじ》・牡丹・芍薬《しゃくやく》・萩・菊など、四季それぞれの代表的な花は、すべて広い意味で「花」見の対象であった。

花見の「花」が桜を意味するようになるのは、いったいいつ頃からだろうか。本居宣長は『玉勝間』でつぎのような見解を述べている。

ただ花といひて桜のことにするは、古今集のころまでは聞こえぬことなり……

すなわち花といって桜を意味するようになったのは平安中期以降であるという。ただし本居宣長以前にすでに先例があって、貝原益軒は桜は古来日本第一の花だから、ただ「花」と称するのだと『花譜』（一六九四年成稿）の中で述べている（「桜は、いにしへより、日本にて第一賞する花なり。故にただ花と称するは桜なり」）。

西山松之助が数えたところによれば、『万葉集』のなかで多く詠まれている花には梅があって九八首あるのに、桜を詠んだ歌はその約三分の一の三六首であるという（『花――美への行動と日本文化』）。この数字にはいくつかバリエーションがあって、中尾佐助によれば梅は一一八、桜は四二である（『花と木の文化史』）。もっとも、これは登場回数をカウントしたもので、何首と数えたわけではない。ちなみに萩は一三八でトップになる。このように少々数字に差があるとはいえ、『万葉集』の頃は、桜よりも梅が「花」を代表するものだった。ところが『古今集』では桜と梅の位置は逆転し、だんぜん桜が多くなる。そしてそれが本居宣長のいうように、ただ「花」と詠まれることが多くなるのである。

唐代中国の詩文には、圧倒的に梅が多くあらわれる。その影響で、奈良朝貴族にとっては、外来植物である梅が花を代表するものだったのであろう。わが国最初の漢詩集『懐風藻』に詠まれた花は、そのためほとんどが梅で、桜はほんのわずかしかあらわれないという。そこで、『古今集』の頃から桜が増えるのは、桜への関心がたかまり、桜の地位が上昇したためだとの見方もあらわれる（和歌森太郎『花と日本人』）。

平安朝に至り、梅に代わって桜の花見が、貴族の重要な行事になってゆく。つまり貴族文化のなかでは、奈良朝から平安朝にかけて、春の花見の対象が梅から桜へと移行する。

いっぽう、農民のあいだでは「タカヤマ」「ダケユキ」「ヤマイキ」など地方ごとに呼称が異なるが、民俗学者からは「春山入り」「春山行き」などと総称される古くからの行事があった。これは春先、花の咲く頃に飲食物を携えて近くの山に入り、一日を過ごす行事である（和歌森太郎「春山入り」、『日本民俗論』所収）。冬を支配していた神を山に送り帰し、春の芽ぶきをもたらす田の神を迎える宗教行事とする解釈がほぼ定着しているが、その当否はともあれ、桜の花がそのさい大きな役割をもったことはたしかである。

このように花見の源流には、大きく分けて貴族文化的なものと、農民文化的なものの二つが考えられる。ところが江戸の花見と聞けば、普通は落語の「長屋の花見」に登場するような、都市の下層民衆が主人公の催しをイメージする。漢詩や和歌などの教養を競う貴族的なものでもなければ、「春山入り」「春山行き」のような農民的なものでもない遊興を思い浮かべる。つまり江戸の花見を生み出す花といえば、梅ではなく、また春の花ならなんでもよいのではなくて、はっきり桜の花で、しかも教養や宗教から解放されて、多くは無礼講の、大勢で楽しむにぎやかなものを考える。いま「花見」と聞けば、ほとんどの人は近世都市江戸に開花した花見、こうした大衆的な花見を思い浮かべるだろう。だが江戸の花見も、初期の頃はそのようなものではなかった。

❖江戸びとは大の花好き

見しは今、江戸の町人、とめるもまづしきも心やさしく有りけり。はつかなる庭のほとりにも、花木を植置詠給《うえおきよみたま》へり。

（『慶長見聞集』）

と、江戸開府初期、慶長の頃から江戸びとは貧富を問わず花好きであったことをこの著者は回顧している。

こうした花の愛好と結びついた名所がいくつかあった。もと江戸城平河門内にあった梅林のなかの社である平河天神、あるいは湯島天神、亀戸の臥龍梅など、初期の頃は桜の名所よりも梅の名所が多かった。江戸の花見の主役は梅だったのである。

いっぽう、名所の桜といえば、北新宿・柏木と呼ばれた地にある円照寺の右衛門桜《えもんざくら》、渋谷・金王八幡宮の金王桜《こんのうざくら》、また白山神社の旗桜など、すべて故事にまつわる由緒ある桜であって、しかもすべて一本ないし数本の、数かぎられた桜であった。そこで、桜を観賞するとしても梅の場合と異ならず、教養を背景にしたもの静かな、いわば貴族的・文人的な観賞であり、古来行われていた花の観賞の仕方を踏襲したものであった。それはまだ江戸の花見とは言い難い。

江戸の花見といえば、いまも上野が随一とされる。最近では花どきを中心に一週間で数百万人の人出があるという。その上野は、東叡山寛永寺の位置する山である。上野の山を京の比叡山になぞらえて東の比叡山、すなわち東叡山と称し、寛永年間に建立されたゆえにその名を寛永寺という。ちょうど琵琶湖にみあう不忍池もあった。つまり上野は、京に見立てられていたわけである。

一六二〇年代にはじまった寛永寺の建設は、家康の知遇を受け、幕政にかかわるようになった天台僧天海が家光に助言したことにはじまるとされる。天海とゆかりの深かった吉野山にならい、その吉野の山桜が植えられたという。そこにもまた、江戸独自のものを誇るのではなく、すでに名声の確立した京・上方のものを基準とする態度がみられる。

名所案内のさきがけとされる浅井了意の『江戸名所記』（寛文二〔一六六二〕年）では、上野の山の景観について、

この山にのぼりぬれば、江戸中は残らず目のしたにみゆ。

と出てくるものの、花見にかんしての記述はみられない。浅井了意は江戸にかんする本格的な取材を行ってこの本を書いたとは言いがたい。そのせいもあり、また桜が生長していなかったためかとも考えられるが、とにかく上野の紹介のなかで、花見は取り上げるべきものにはなっていないと考えてよい。

❖江戸の花見には三要素が満たされていた

『江戸名所記』の花にかんする記事には、やはり湯島天神をはじめ、名所の梅が多く挙げられてい

る。また桜について、右衛門桜、金王桜など、名桜とでも名付けるべきものについては述べられている。だがこれらはみな、さきに挙げたように、一本ないし数本の桜であって、群集をさそう桜の群植ではなかった。ところが天和年間に出版された戸田茂睡『紫のひともと』（天和三〔一六八三〕年）では、

清水の後に幕はしらかして見る人多し。幕多き時は三百余あり。此の外つれだちたる女房の上着の小袖男の羽織と弁当からけたる細引きに通して桜の木に結びつけてかりの幕にして毛せん花むしろ敷きて酒飲むなり。鳴物は御法度にて鳴らさす。小歌浄瑠璃仕舞は咎むることなし。

と記されている。ここには、二、三〇〇もの集団が繰り出す上野の花見の賑わいが描写されている。これより古い例では、新井白石が子供の頃（一六五〇年代末から六〇年代前半）の思い出話に、上野の花見のにぎわいを記した草紙を読んでいたとの証言がある（『折たく柴の記』）。

このような記事から推測すると、一六〇〇年代の半ばまでは、それ以前の花見と同じで、一本の桜、名のある桜が、主として花見の対象となり、また記述の対象ともなったのであるが、徐々に群集による花見があらわれた天和年間（一六八〇年代）に入り、上野の桜が大木になるころ、群植された桜すなわち群桜の下でのにぎやかな花見が普及していったのだと解することができよう。花見と江戸びとの特徴的なむすびつきは、この上野の群桜の下での群集にはじまる。

江戸の花見は、花が桜であること、それも一本ではなく群桜であること、詩歌などの教養ではなく飲食をともなっていること、一人や数人による観賞ではなく群集で行われること、といった、いうならば三要素（群桜、飲食、群集）が満たされて成立したものである。序章で書いたが、三要素があっ

てはじめて日本の花見になる。

欧米では、第三章で述べたように花見にうまくあてはまる表現が各国語にみいだせないのはもちろんのこと、ある種の花がその季節に大量の群集を生みだすということもない。むろん日本でも、桜以外の花では、これほどの群集を生み出す力はない。江戸の人びとは、天和年間に至り、桜の群植によって、貴族性と宗教性を脱した群集の楽しみを見つけだしたのだ。

しかし、江戸の群桜はただ上野だけでなく、そのほかに代表的なものとしては、飛鳥山、向島、御殿山が挙げられる。ところが上野の他は、すべて享保の頃に植えられたとされるのである。しかもそれらの場所に桜が植えられたのは、すべて将軍吉宗の命によるものという言い伝えがある。それは確かなのか。もしそれが確かだとすれば、いったいその背後に吉宗のどのような考えがあったのか。世界的にも珍しい花見というレクリエーションを普及させた「仕掛け人」は本当に吉宗だったのだろうか。

二、享保期における桜の植樹と鷹狩りの再興

❖吉宗の花見公園造成

吉宗は征夷大将軍に位してのち、享保五〜六（一七二一〜二二）年頃飛鳥山に桜を植えたとされる。歴代将軍の事蹟を記した『徳川実紀』のなかの吉宗にかんする記事には、

……飛鳥山は享保五年九月より植えはじめて、凡《およそ》櫻二百七十株、松百本植えられしに、櫻はわきて年を逐《おい》て枝葉しげり、花の時は絢爛《けんらん》として美観をなせり。

とあるが、別の記録によれば江戸城内吹上御殿から桜二一七〇本、紅葉一〇〇本、松一〇〇本の苗を移植させ、また全山に野芝を張らせた（『御場御用留』）。しかもここに境内を構える金輪寺《こんりんじ》を、植物の維持管理にあたらせ、それは幕末まで続いたとされる。

飛鳥山の桜は、はっきりと目的意識をもって植えられたものであり、現代的表現をすれば計画的に造成された花見公園といえよう。このことは後世の人びとも、そうみなしていたことが明らかで、『徳川実紀』の著者も、

これ府内近きほとりに、名勝をひらかせたまふべしとの御事とぞ。

と記している。

『続江戸砂子』（享保二十〈一七三五〉年）は、

花、東叡山江戸第一の名所……。

と上野の桜にふれ、他にいくつかの名桜を挙げているが、飛鳥山にかんしては、

花、飛鳥山、王子と平塚の社との間……近年桜樹あまた植えさせられ、盛りのころは嵐山のすがたあり……。

と記している。

上野の所在は明示しないのに、飛鳥山の紹介ではわざわざ「王子と平塚の社との間」と書くわけは、飛鳥山がまだ名を知られていないとみたせいであろう。上野はすでに長い伝統をもった由緒ある花見名所となっており、だれひとり知らぬものがなかったが、飛鳥山に多くの桜が植えられたのは「近年」であり、この頃ようやく人びとに知られるようになってきた新参の花見の場所であった。まだ上野の桜の方がだんぜん優位であるとみなされていたのである。

ところが宝暦十二（一七六二）年に出版された『銀杏栄常磐八景《いちょうのさかえときわはっけい》』では、

享和の頃までは花見は上野にきわまり、外に名所またあらじと人々思ひしに、元文のはじめ、飛鳥山にけをされ……。

とあって、元文（一七三六〜四一年）の頃、飛鳥山の花はかつて「江都第一」といわれた上野を凌ぐ

ようになったと記している。ヤマザクラが成木になるといわれる三十〜四十年の年数を考えると、ちょうど享保のはじめに植えられた桜がヤマザクラであれば、盛りを迎える時期とぴったり合致する。

飛鳥山に桜が植えられたと伝えられる以前の享保二年五月、向島木母寺《もくぼじ》につらなる隅田川御殿庭内および、将軍の御成《おなり》道である船着き場から御殿までの沿道に桜が植えられ、のち十一年には桃、柳、桜合計一五〇〇本が追加補植された記録がある（『隅田村名主坂田家書上』）。向島の桜として、のち有名になる名所のはじめである。

さらにまた品川御殿山の桜も吉宗の時代に植えられたとする説が多い。「御殿山」の名は江戸開府以前に江戸城ほか関東に諸城を築いた武将太田道灌の館（御殿）があったことと、徳川氏になって寛永の頃、狩猟の御殿が設けられていたことによるが、延宝五（一六七七）年の『江戸雀』には、

御殿山松林なり、御茶屋あり。

と記され、また一六八七（貞享四）年の『江戸鹿子』にも、

御殿山、品川町の上にあり。又御しない打の跡あり。

と、かつて剣術の訓練（竹刀《しない》打ち）の場として用いられていたとの記事が出るだけで、桜についてはまったくふれられていない。この頃まだ桜は植わっていなかったとみてよいだろう。

さらに時代が下って、享保十七（一七三二）年に出された『江戸砂子』、あるいはその三年後に出た『続江戸砂子』（享保二十（一七三五）年）でも、御殿山の項では桜についてはふれられていない。ところが『江戸砂子』を校訂した『再校江戸砂子』（明和九（一七七二）年）では加筆増補部分に、

此山《この》に桜樹多し、寛文の頃吉野の桜苗を植えさせたまふと。今古木となりて、はなこと更にうるはし。毎春花見の貴賤《きせん》群をなす。絶景の地なり。

とみえる。この記事によれば、御殿山の桜は、向島や飛鳥山より早く、寛文（一六六一～七三年）の頃植えられた。つまり当時樹齢百～百十年の桜の樹林があったことになる。しかしこの記事は、それ以前の御殿山にかんする多くの記述に一貫して桜があらわれないことと矛盾する。『再校江戸砂子』が出された頃に「古木」で花勢もよかったとされている点は、『江戸砂子』や『続江戸砂子』が著された享保十七年から二十年頃はまだ幼木であったと考えれば、矛盾はない。樹齢は四十年程になるからだ。また文化七（一八一〇）年に起稿され、文政十一（一八二八）年に完成した『新編武蔵風土記稿』も御殿山について、

有徳院殿（吉宗）和州吉野山ノ種ヲ移シ植ラレシ所ナリ……。

と記している。各種文献を比較して判断すれば、御殿山の桜の植樹は享保期であり、それも吉宗が植えさせたとみてよいだろう。

吉宗と植桜とを結びつける記事はこのように数多くある。しかも群集を集めた江戸期の主要な花見どころである飛鳥山、向島、御殿山が、いずれも吉宗の事蹟とされていることは、単なる後世の言い伝えでは済まされない。

❖鷹狩りの復活がもたらしたもの

ところで吉宗は、鷹狩り愛好家としても知られていた。まだ紀州藩主であった頃から、しばしば鷹狩りをはじめとするさまざまな狩を行っていたといわれる。また将軍襲職後、五代将軍綱吉が廃した鷹狩りの復興策を矢継ぎ早に打ち出すのは、よく知られるところである。

将軍襲職後わずか二カ月の享保元年七月には、少老・大久保佐渡守常春に「鷹方の吏を選挙すべし」と命じ、翌月には、もと鷹師の戸田勝房に、四代将軍家綱当時の鷹狩りの様子を聞き、同月末には戸田らを鷹師頭に任命している。そして翌享保二年五月十一日「はじめて亀戸隅田川の辺に御放鷹《ほうよう》（鷹狩り）あり」（『徳川実紀』）と、一年足らずのうちに鷹狩りを復活させた。これを綱吉の代に中断されていた鷹狩りのたんなる再開として考えれば、容易な事業と受け取られやすい。しかし鷹狩りは、数え上げればじつに数多くの事前の準備を必要とする催しである。よく訓練された鷹の確保はむろんのこと、その鷹を飼育するための生き餌の確保と鷹の捕獲能力の維持のための訓練、さらに鷹を扱う熟練した鷹匠の不断の訓練、鷹狩りの場所の維持と管理、ならびに鷹場へ到達するための街道の整備、さらに獲物がまったくないという事態を避けるため、最低限必要な獲物はあらかじめ飼育しておく必要があるなど、鷹狩りを支える作業や事前の準備は多い。いったん廃止された鷹狩りの再興はたいへんな事業であった。

吉宗が鷹狩りを短期間のうちに再興させたことは、いかに彼の鷹狩り復活への決意が固かったかを

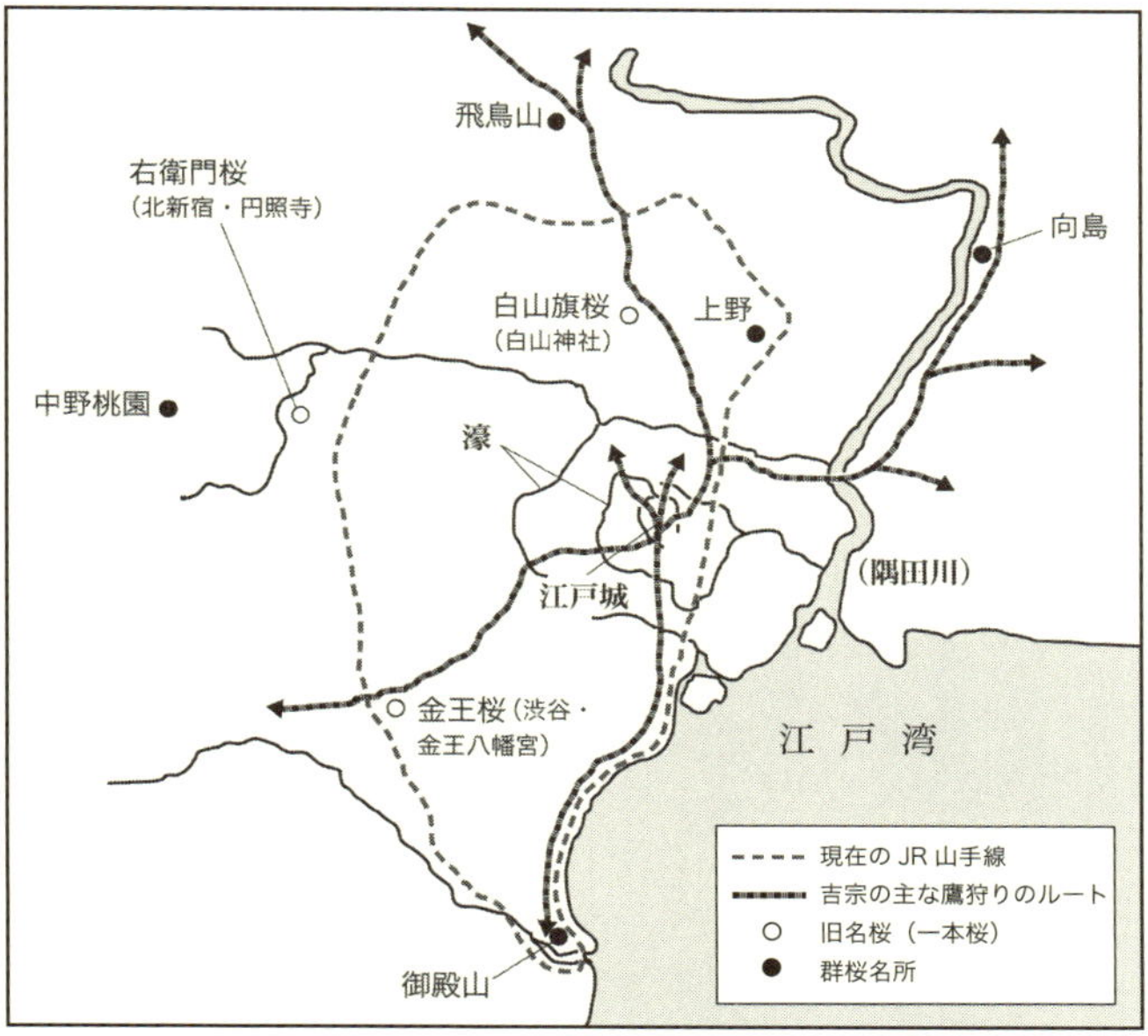

享保年間の江戸の花見名所・名桜

物語っている。また享保二年中に、鷹狩りを一二回も行っていることにもその思いがよく現れている。そして、この鷹狩りの再興と、頻繁な実施、およびその道筋をみるとき、享保期の桜の植樹による花見名所の出現と鷹狩りが密接にかかわっていることは否定しがたい。すなわち頻繁な鷹狩りのルート上に向島、飛鳥山、御殿山の三つがすべて位置しているのである（図参照）。

先述のごとく向島の桜も、また飛鳥山、御殿山の桜も、吉宗の関与が早くから語られてきた。向島の桜のはじめについては、さきに述べたように享保二年五月の植樹の記録が、この付近の名主坂田家の文書に残っている。ちょうどこの月、吉宗は再開後初の鷹狩りを、この地で行っている。しかも吉宗は享保二年中に行った計一二回の鷹狩りのうち、六回は葛西筋といわれる隅田川周辺で実施している。他は江戸城門外の空地での小規模な鷹狩りだから、隅田川周辺がいかに好まれていたかがわかる。

一方、飛鳥山に桜が植え始められたのは、先に記したように『徳川実紀』では享保五年九月とされる。その前月である八月十一日に、吉宗は飛鳥山方面ではじめての鷹狩りを行っている。さらに興味深いのは、桜の移植の現場監督ともいうべき役には、小菅《こすげ》近辺で鷹狩りをする際に休憩する別荘の持主である関東郡代・伊奈半左衛門の家臣があたっているのである。このような鷹狩りと桜の植樹との時期的かつ地理的近接は、何を物語っているのだろうか。

かつて家光の代までは、将軍家の鷹狩りと大名邸への御成りとが組み合わされていることが多かったといわれる(塚本学『生類をめぐる政治』)。そういうかつての鷹狩りの有様からみれば、吉宗は休憩の場として寺、郡代の別荘という、さらに身分の低い者の屋敷を利用しているのが注目される。

吉宗は尚武の精神を尊重した家康の初心にかえれと説いた。その家康は、鷹狩りに供奉する鷹匠や鳥見役たちに「ずいぶん威を張すがよし(しっかり威勢を示すがよい)」と言ったという(『徳川実紀』)。だが、そのような威圧的な態度によって百姓たちが恐れて異心を抱かぬようになる効果を期待したという家康の姿勢と、吉宗のそれとはかなり異なる。

吉宗の場合は、「将軍の鷹」をかさに着た鷹匠たちの威圧的な態度をいましめたと記録されている。また家康から家光までの鷹狩りは、権威誇示のための大規模なパレードとしても意識されていたが、

『徳川実紀』を読むかぎり、吉宗には鷹狩りを簡素化しようとする姿勢をうかがわせる記事が多い。吉宗の鷹狩りも、供奉の者を加えればその陣容は大きく、権威誇示の性格をもっている。けれども、かつての将軍の鷹狩りからみれば、少なくとも諸大名へ向けた権威誇示の行動がはるかにうすくなっている。たしかに、鷹がとった鶴を朝廷へ献上したり、大名へ下賜したりという行動は古式に則ってはいるが、それよりは鷹狩りの地での休憩場所を提供した者への下賜品が多くなっているのが目につく。供奉の者や休憩場所の提供者にたいして、時候に合わせた衣服、すなわち「時服」や当時の通貨である「銀」が下賜されている。「時服」や「銀」と同様に、将軍が江戸城で手塩にかけて育てた桜苗木も下賜品として与えられた、と考えれば吉宗の時代の頻繁な桜の植樹を説明することができるし、また確かな事実とみなすことができる。

❖都市としての活力のあらわれ

それまで、江戸の町では桜はあまりみられなかったはずである。関東ローム層の林の中は、桜にとって生育条件が良くない。したがって桜は少なかったとみられ、当然群生地はなかった。また、人の手によってつくりだされ、大勢の人びとを収容できる花見の場所も、わずかに上野の山だけであった。

吉宗は、吉野からもってきた桜の苗木を吹上御庭で育て、増やして下賜しているが（『徳川実紀』）、吉宗の鷹狩りがきわめて計画的であったように、そこで行われている下賜の仕方も計画的であったし、その一環ともみられる植桜もまた計画的なものであった、と推察される。

江戸にはわずかしかみられない桜の花を豊富に植えたこと、しかも下賜したのは徳川家の菩提寺上野の山にも植えられた古来きわめて名高い吉野の桜であったこと、それらを結びつけて、権威誇示の様相が変わったのだと考えると、吉宗と植桜とのかかわりはうなずける。桜はまた、つぎに述べるような、別のシンボル性もおびていた。

諸国にあっては、だいたい二月に大名の狩りは終わるのが普通であった。鷹狩りを含めて、狩りはいずれも田畑をふみ荒らすものであり、それを避けるためであったという（千葉徳爾『狩猟伝承研究』）。さらに鷹狩りは、勢子としてしばしば多くの農民を動員し、彼らの農業労働力を奪うものでもあった。農事の開始とともに農業労働力を奪う狩りは止める必要がある。そこで桜の開花は、鷹狩りもしくは狩り一般の打止めを意味し、しかも農民の農事開始を指示する機能ももっていたとみられる。さらに狩りの打止めは、農民の「春山行き」「春山入り」といった慣行との接触を避けようという意図にもつながっていた。

関東において春山行き、春山入りのような行事がどれほど盛んであったか検証が必要とも思えるが、それよりはむしろ、鷹狩りがいかに農民に負担をかけていたかを考えれば、農民行事と鷹狩りとが競合関係にあったことは十分に想像がつく。

綱吉政権下では、生類愛護から、田畑を荒らす野鳥獣にも保護策がとられたという点で、農民の困苦があった。ところが生類憐みの令を廃し鷹狩りを復活させた吉宗政権下では、今度は鷹狩りの獲物を確保しておくために、野鳥獣の駆除が制限された。そこで、鷹狩り復活が生類憐みの令の廃止と結びつけられて新しい事態の出現とうけとめられながらも、農民にとっての難儀としては、けっきょくは同じものと考えられたふしがある。

たとえば「上のお数奇《すき》なもの　御鷹野と下の難儀」(「享保世話」、『近世風俗見聞集』所収)という戯歌が記録されている。また鷹狩り再興直後の享保二年に室鳩巣《むろきゅうそう》が記した「常憲院《じょうけんいん》(徳川綱吉)様御代には生類御憐とて諸人難儀致し候、此度《このたび》は御殺生の事に付、諸人難儀仕かと存候」(塚本学『生類をめぐる政治』)という言葉から、史上悪評の高い生類憐みの令のみならず、鷹狩りの復活もまた庶民の難儀につながるとの理解が存在したことがうかがえる。

施策を改めた新しい政策の出現である鷹狩りの復活のためには、新しい慰撫策が必要とされたであろう。とすれば、そのような慰撫策のうちのひとつが桜の植樹だったと考えることができる。またその他にも、鷹狩りや鷹狩りが行われる場所での農民に対する配慮ととらえられる逸話は、いくつもみられる。例えば『徳川実紀』には次のような話が載っている。――ある日吉宗は郊外で狩りをし、見失った獲物を捜して田の畔を歩いていた。運悪くそこに肥桶《こえおけ》があり、吉宗はこれをひっくり返して衣服が汚れてしまった。従者がいそいで洗い流し着替えさせたが、吉宗は肥桶の所有者である農民を呼んでこいという。どうなることかと皆が心配しているところへ、お伴の役人が農民を連れて来て御前にひきすえた。ところが吉宗は、田の肥料として買いとり苦労して運んできたものを私がひっくり返してしまった、その費用を弁償したいと言って、さきに脱いだ衣服を農民に与えたという。

また、次のような話も残されている。——飛鳥山を王子権現に預ける前のこと。この山は幕府管理の土地なので花見に来る者がおらず、民衆とともに楽しもうとの意図が果たせないと吉宗は言った。そしてこれから諸人遊楽の地とするが、その事始めに遊山をしよう、というわけで、吉宗の身のまわりの世話をする者から僧侶などに至るまで、上中下の身分をとわず皆を招き酒や豪勢な料理を用意して酒宴を張ったという。

このような逸話から浮かびあがってくるのは、農民の難儀などでは揺らぐことのない威圧的な鷹狩りの様子でもなければ、それを補完するためだけの慰撫策でもない。また後者では、読みようによっては、民衆に飛鳥山の花見の場所を開放してしまうと、以後自分たちだけで楽しむことができなくなるから、その前に十分楽しんでおこうという、いささか小心と受け取れそうな様子でもある。

鷹狩りは、やはり花見公園の創設の契機になったことはたしかである。しかし鷹狩りは、花見公園の造成を促す原動力の一方であり、他方では都市の民衆の花見という娯楽の広まりが圧力として大きく働いていた、と見るべきだろう。花見は、江戸の都市としての成長に伴って生まれた活力のあらわれであった。

❖花見の三大新名所

江戸の花見行事は、享保頃から庶民層へと大きなひろがりをみせる。それまで、群桜を楽しむ群集の花見の場所は上野だけであった。上野は徳川家の菩提寺ということで鳴物は御法度であり、「小歌

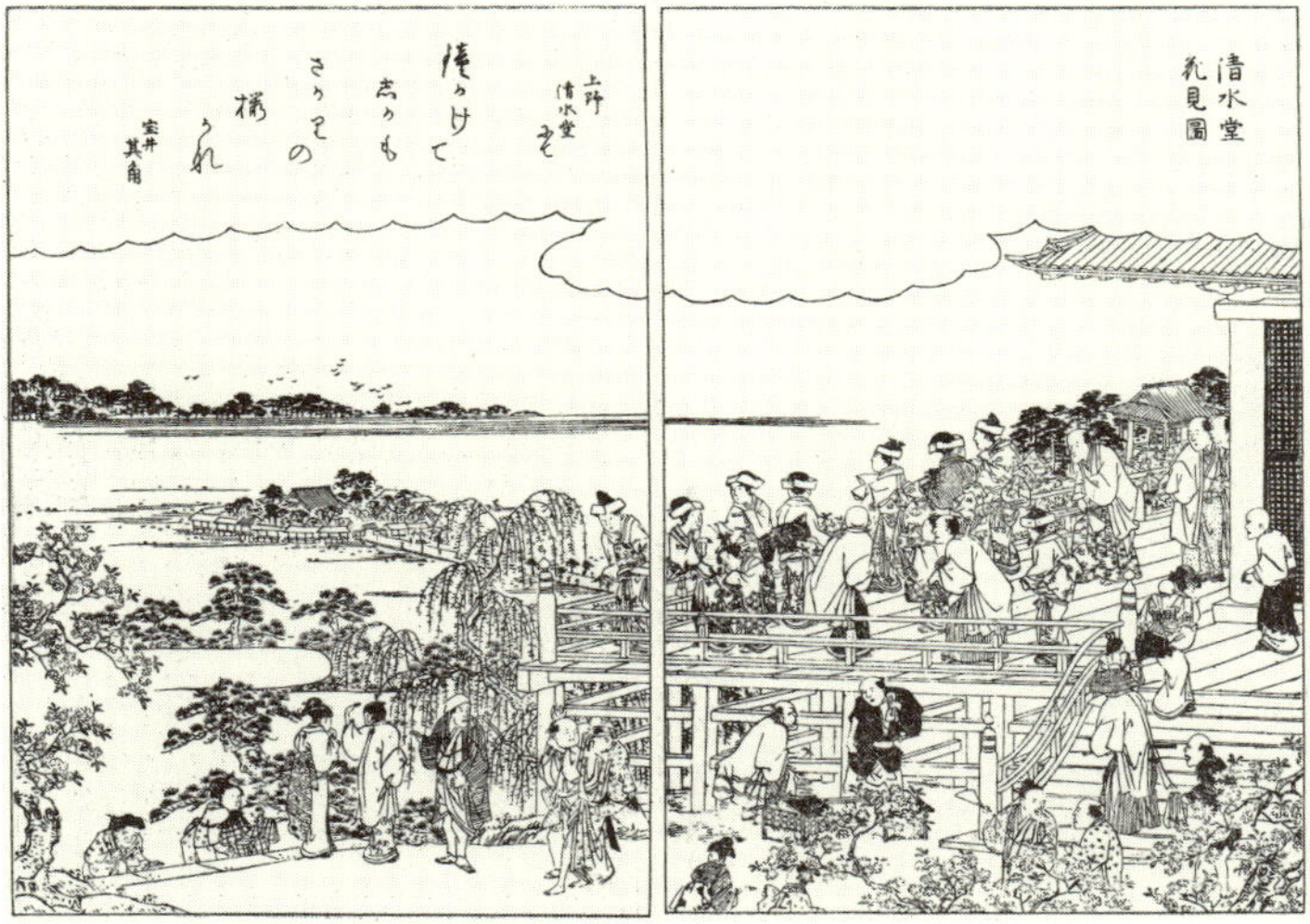

上野・清水堂の花見（『江戸名所図会』〔天保年間〕より）

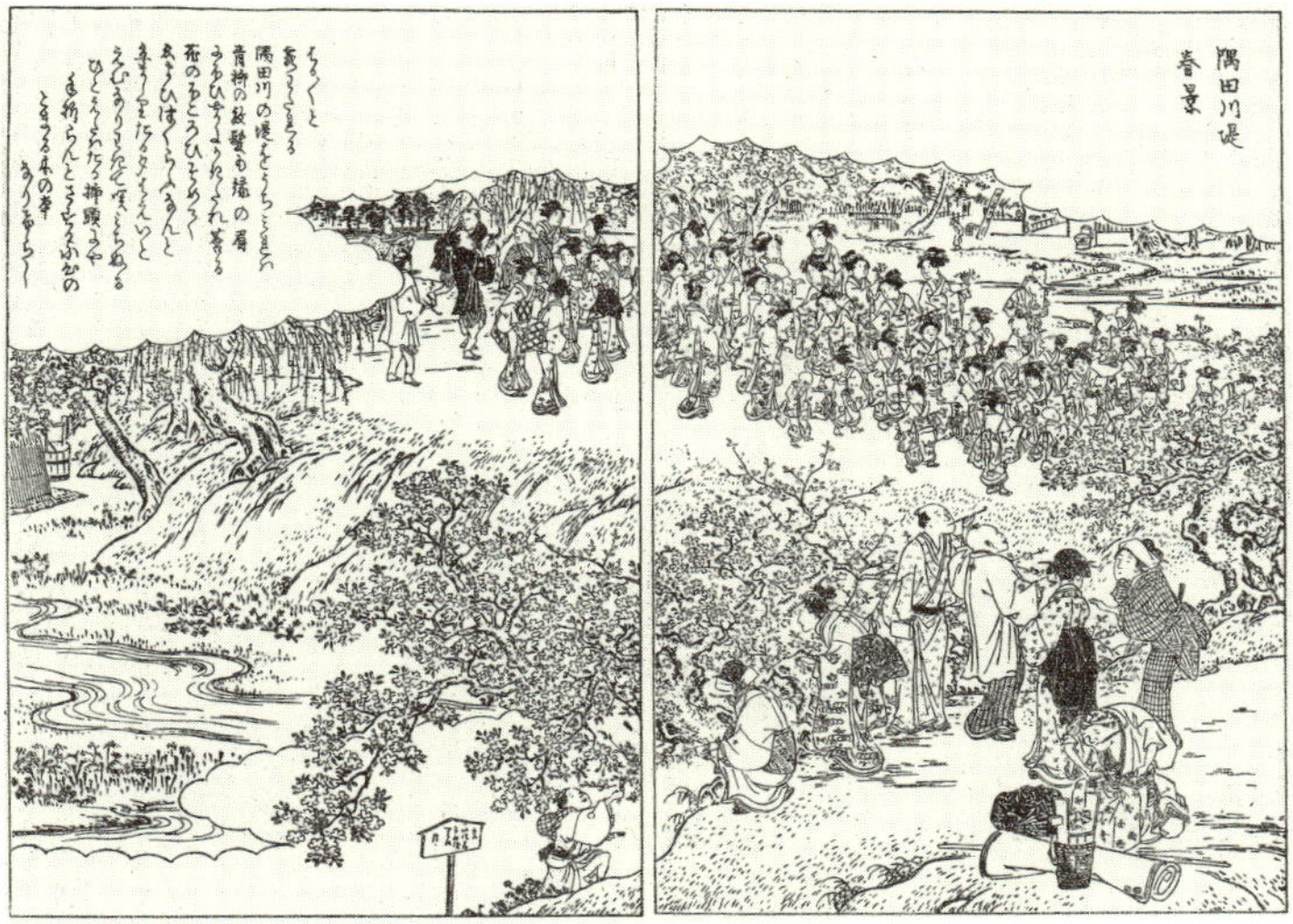

隅田川堤の春景（『江戸名所図会』〔天保年間〕より）

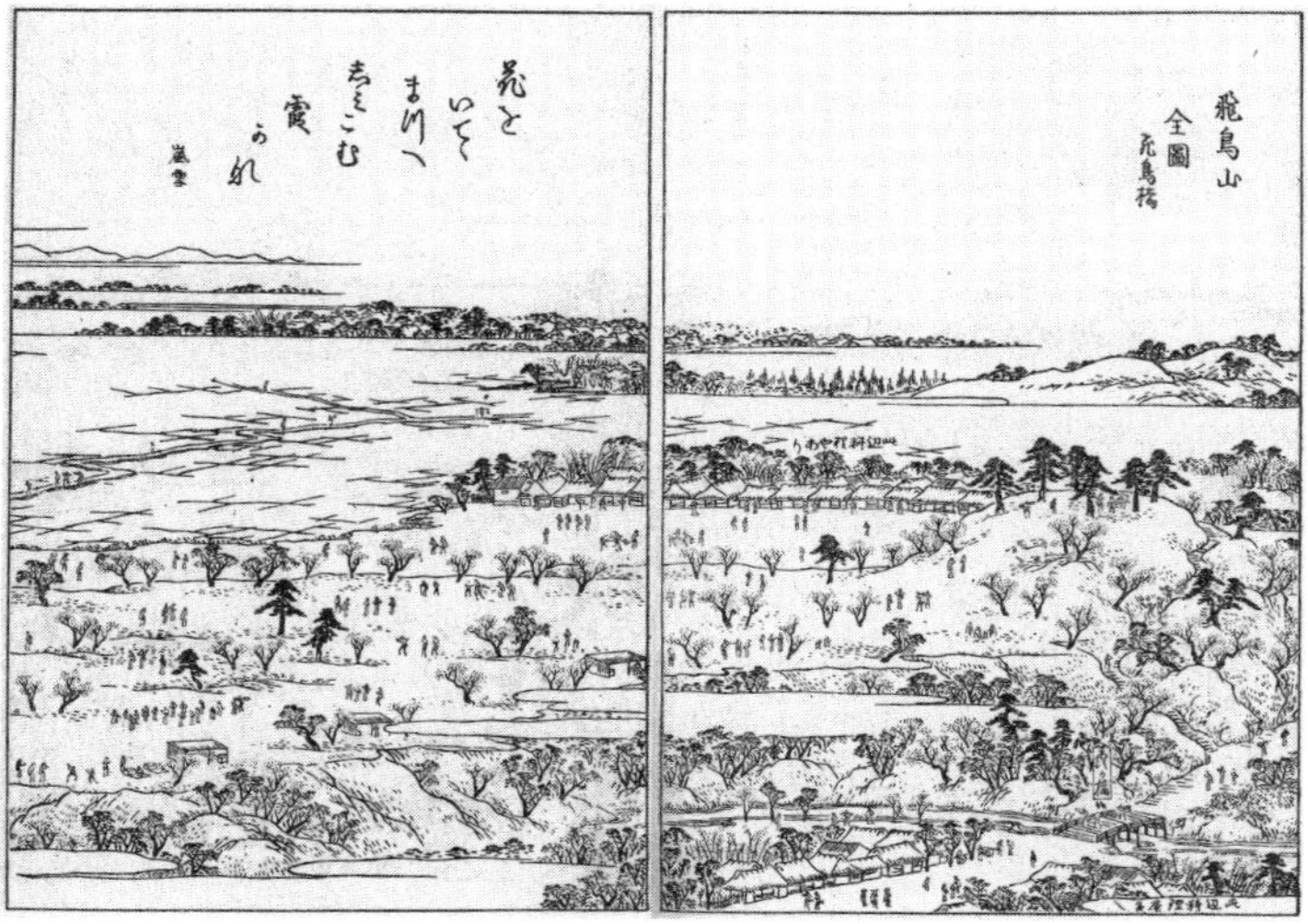

飛鳥山の全景（『江戸名所図会』〔天保年間〕より）

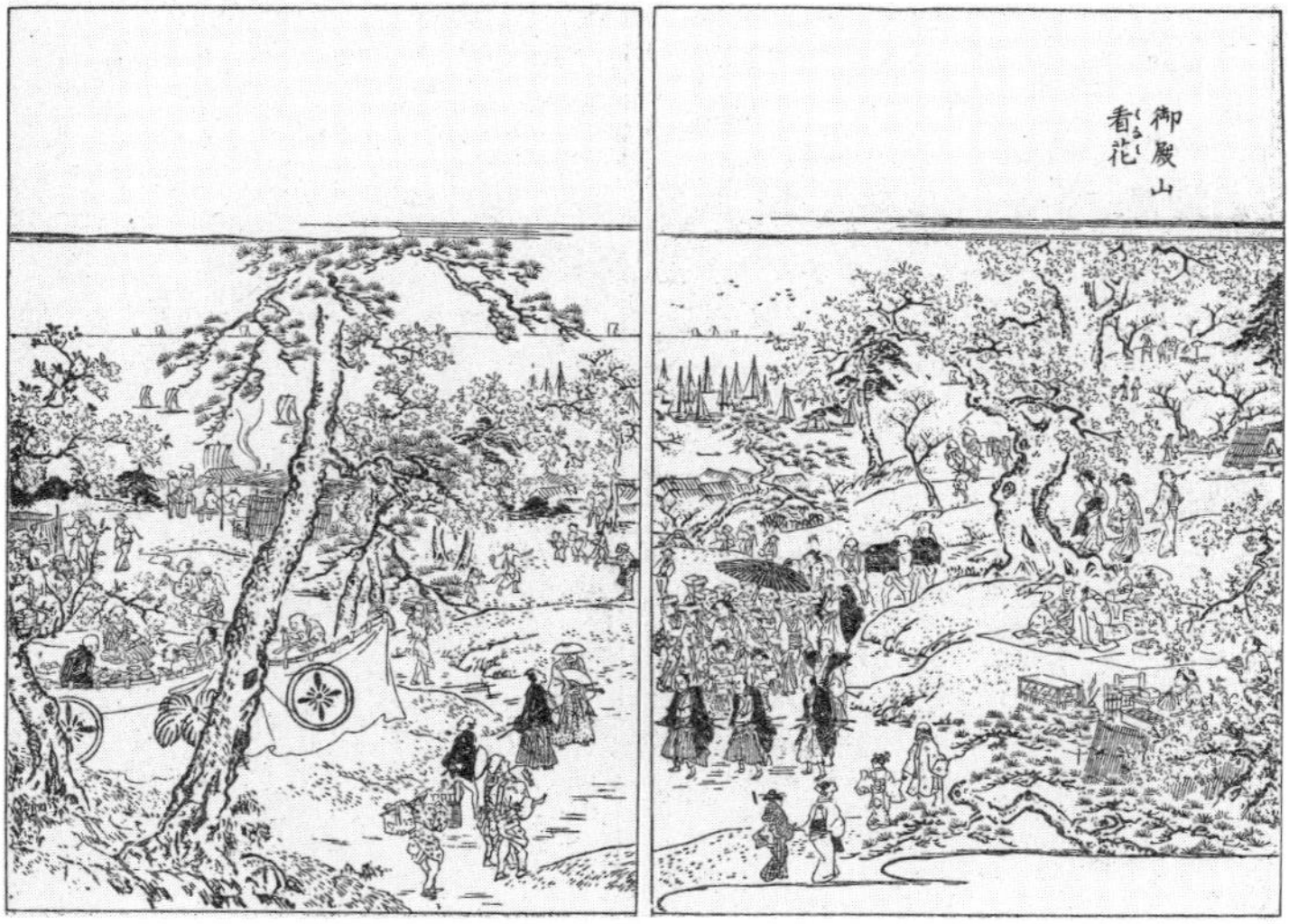

御殿山の花見（『江戸名所図会』〔天保年間〕より）

浄瑠璃仕舞」は許されたものの、にぎやかに花見を楽しむには堅苦しい所であったともいう。享保にいたってようやく庶民向きの花見公園――向島、飛鳥山、御殿山がいわば「開発」される。

飛鳥山は、

飛鳥山とはいえと、万人の群衆まばゆけに、鳥も飛ばぬか山桜の下、よしず茶屋かこひ、うなぎうなぎといふは、あたら桜をなまぐさき、なぜにけぶりとなしたまふ。（『銀杏栄常磐八景』）

というように、名は飛鳥山ながら、人が多くて鳥も飛ぶのを遠慮すると著者がふざけ気味に形容するほどの群集と、「うなぎ、うなぎ」というけたたましい茶屋の呼び込みの声に蒲焼きの煙が桜の間から立ちのぼり、たいへんな賑わいであったことがうかがえる。また向島も、寛政（十八世紀末〜十九世紀初頭）の頃の様子を記した『ひともと草』では、

賤《しず》のを女の田のくろ、あるは堤のかなたへなどに、あしのかりふき造りいで、人まちがほにおのがさまざまものうりかふとていとらうがはしく……。

と、ここも田のあぜや川堤によしず張りの店が出て、物売りの声がうるさいほどににぎやかであったと記されている。

そしてまた、上野も飛鳥山や向島のような庶民的な花見公園におとらず群集で賑わったようだ。同じ『ひともと草』に、上野へ花見に出かけた様子が語られている。友人二、三人と出かけたところ、

始終肩がぶつかりあうほどの混雑で、そのなかでも、

車坂は諸人とどろき登りて、うたふありわらふあり。酔にほれたる老人のいやしからぬが、ぐしたる女のなまめける二人が肩にかかりて、何やらんさるかうことどもして、わらひどよむもにくからず……。

と、上野の山に向かう人びとの雑踏の物凄さを「諸人とどろき登り」と表現している。そのなかではほろ酔い加減の老人が、両手に花とばかり若い女二人の肩に腕をまわし上機嫌にふらついている。じつに江戸が身近に感じられる花見風俗ではある。また、上野では鳴り物は御法度といわれているのに、なんと鼓や三味線を抱えた流しがにぎやかに音曲をかなでていたという。後発の庶民的な花見公園に影響されたためか、御法度は有名無実になっていたらしい。もはや、寛政の頃の上野には、堅苦しさはなかった。

飛鳥山、向島、御殿山という江戸の花見の三大新名所は、都市江戸の中核である御府内と周辺農村の接点にあたり、都市民と農民との接触の場を創りだした。それはあたかも花見が都市で生まれた貴族の宴と農民の宗教行事とを二つの源流としていることの象徴であるかのようだ。

ヨーロッパにおける公園が、大づかみに言って都市内の領主の館や国王の庭園の開放にはじまったり、あるいは旧市街を取り巻く城壁の撤去跡地に設けられたのとは違い、江戸では花見公園が都市周辺部、農村との接点に生まれたことに注目したい。享保期は、はじめて本格的な人口調査が行われたことでも知られているように、人口の急増に伴う江戸の膨張があり、花見公園の誕生の地は、この都

市拡大ともかかわっている。言うならば飛鳥山、向島、御殿山は、ヨーロッパにくらべ、一世紀以上も早く生まれた郊外公園のさきがけであった。

❖花見旅行と「花友」

江戸びとは桜の花どきに、このような花見の場所を目指して繰り出した。芭蕉の句にある、

さくら狩　きとくや日々に五里六里　（『笈《おい》の小文《こぶみ》』）

は誇張ではなかったようだ。芭蕉から少々皮肉を込めて「奇特」と言われようが、江戸びとは、遠距離をものともせず花見に出かけたのである。

飛鳥山、向島、御殿山の桜が立派に成長し、桜の名所として充分世に知れわたっていた寛政の頃、狂歌師としてもまた随筆家としても名高い大田南畝《なんぽ》が、興味深い記録を残している。「南畝花見の記――大田直次郎述」と題されたこの写本には、寛政四（一七九二）年の二月九日から十五日間にわたる花見への外出の記録が記されており、これによって当時の江戸文人の精力的な花見行動の一端をうかがうことができる（『大田南畝全集』第八巻）。

この年二月九日、白山にある本念寺へ、母とともに父の墓参に出かけた南畝は、その帰路、日暮里、上野のあたりの寺々の彼岸桜を見物した。これを皮切りに、同二十三日までわずか十五日の間に、八

度もの花見を行っている。
南畝は下級の幕吏であり、上野御徒町に居を構えていた関係もあって、住居に近い上野、日暮里のあたりを多く訪れている。とはいえ、一日の花見の行程は短くとも五～六キロメートルはあり、しかも最後の二十三日の花見は、品川の御殿山へ往復およそ二八キロメートルにもおよぶ花見に出かけている。
さらに興味深いのは、彼がいずれの場合にも、「花友」と称する狂歌詠みの仲間と連れだって花見を行った点である。「花友」には、十千亭と称した飯田町の酒屋・万屋助次郎や、麗水と称した飯田町の酒屋・万屋六右衛門、文宝と称した同じく飯田町の亀屋久右衛門という茶商人などがいた。

十四日　微陰　晩晴
　花友　十千亭　麗水　文宝
根ぎしの何がしが別荘にゆく。道すがら小石川にて、本松山蓮草寺……糸桜、大木也。満開也。
……

などとあり、また、

十八日　朝陰　昼晴　夕風あらし
　花友　十千亭　麗水　文宝
朝とく論語を講じおはりて十千亭に至りともなひいづ
（朝早く論語の講義を終えて、十千亭の家を訪ねてさそいだし出発した）

とあるが、私淑する門弟に講義をおえたあと、十千亭を訪れ、四人連れだって神田を経て、向島まで桜を見に出かけるのである。

花見は、十六世紀の洛中洛外図屏風などにみられるように、京都、大坂では安土・桃山期から、かなり庶民的なレクリエーションとして広まってはいた。しかし、江戸での花見は、十七世紀でも一本の名桜を観賞することが主流であった。そうした伝統を引き継いで、江戸文化人のサークルが行っていた花見は、知的なレクリエーション活動の一環とみられる。したがって江戸初期には、知的な教養を背景とした名桜・一本桜を楽しむ花見が主流だったろう。その傾向は、文人たちのあいだではなお強かったものの、十八世紀中に群桜の下での群集の花見が急速に広まり、十八世紀末の南畝たちも庶民的な花見公園、すなわち飛鳥山、向島、御殿山に出かけたのである。

❖都市江戸と農村の接点で花開いた花見文化

江戸の花見には、独特の行動形態がみられる。

それにはまず、現代の花見にも通じる群桜・飲食・群集という花見の三要素がととのっているが、この三つは、それ以前の花見にはかならずしも備わってはいなかったものである。しかも江戸びとの花見は、五里六里の距離などものともしないエネルギーに富んだものだった。

このような庶民の活力を引き出した花見の名所の形成は、吉宗の仕掛けたものだったのか、あるいは江戸びとのあいだに広くみられた花の、そして花見の愛好が生みだしたものだったろうか。
二つを比べ、優劣をつけるのは困難であろう。しかし江戸における花見は、高度成長期とでも呼ばれるべき太平の元禄期・綱吉の時代にではなく、尚武の気風といわれた吉宗治下の緊縮の享保期に、広く江戸民衆のあいだに広がった行楽であったのは確かである。
綱吉と吉宗とを対比させるときに、おもしろい逸話が残されている。

ある時中野のほとりに御放鷹ありしに、田の間ここかしこに桃花の咲きしを御覧じて松下伊賀守當恒に、このあたりの農民等に令して、桃を多くうへしむべし。花おほく咲なば、人もあつまり、をのづから土民のたすけともなるべしと命ぜらる。伊賀守うけたまはりて、かたのごとくさたせしかば、年々に花さきみちて、延享のころにいたりては、春時の美観いふばかりなく、ここも又遊楽の境となり、日々に往来繹《えき》たりしかば、衆人花見る時のために、日影をさくるほどの松を種《うう》べしと令せられて、さて桃を守る農民には賦税を減ぜられしといへり。

（『徳川実紀』）

のち中野桃園として有名になり、桃の花見が盛んになった端緒がこのように伝えられている。この逸話もまた鷹狩りとかかわっている。中野での鷹狩りの際に田畑のあちこちに桃の木が植わっているのを見て、これを計画的に群植せよと吉宗は命じる。そうして桃の名所をつくり遊客誘致をはかれとの指示にほかならない。慰撫策は具体的な観光振興策に連動しているのである。『新編武蔵風土記稿』によれば、この地は、かつて綱吉のいわゆる生類憐みの令によって保護された犬を集めて囲っておく犬小屋があった所だという。そんな地に享保二十年、吉宗の命によって桃が植えられはじめ、そこがついに桃の名所になったといわれるのである。

生類憐みの令のもとで大規模に野犬、捨犬が収容されていた犬小屋がこのとき撤去され、花見の場所に変えられたというのは、吉宗のはっきりした政策意図のあらわれであろう。鷹狩りを廃止した綱吉の政策を再転換させ、鷹狩りを復興させたことに見合う意識的な指示と読める。

このように桜にせよ、桃にせよ、園地が形成され、花見が広く行われるようになったのは、吉宗政権下であるという話はいたるところであらわれる。享保期における吉宗の花見名所の開発、桜の植樹の言い伝えは、たんなる憶測、推測から生まれた伝説ではなく、また後世の捏造でもなく、吉宗の意志にむすびつく、計画性をもった意図的な花見公園造成の施策であったことはたしかである。

吉宗による桜の植樹と鷹狩りの再興とを考えあわせれば、ひとつには鷹狩り用の資源確保へ向けた野鳥獣保護のための象徴的な施策が桜の植樹であったとみてよい。またいっぽうでは、江戸周辺の農村における鷹狩りに難儀する農民への慰撫策のひとつとして、都市民を消費者として引きつけるレクリエーション地を形成するための植桜があったと解釈できる。

かつて、外来文化へのあこがれから大宮人は梅を観賞した。その梅の花見からはじまった貴族的花見の伝統が、一本の桜を観賞する花見をへて、群集による群桜を観賞する江戸の花見に流れ込んでいる。その転換点に吉宗の植樹が位置しており、またその桜の植樹には彼の鷹狩り愛好もかかわりをもっている。

そして江戸の花見は、もういっぽうで、農民の民俗のなかにみられた飲食をともなう「春山行き」「春山入り」ともつながっている。それはいうならば、農民の行事が都市に入り込んできたものでもあった。貴族的なものと農民的なものの融合でもある花見は、それゆえ江戸周辺部に、すなわち都市江戸と農村の接点で花開いたのである。

「花のお江戸」とは、たんに江戸の繁栄を形容するだけではない。花というとき、かならずそこには桜または桜の花見のイメージが重なっていた。江戸周辺部に生まれた飛鳥山、向島、御殿山の桜は、江戸びとをひきつけ、また諸国に喧伝されて、江戸の花見の名を高からしめたのである。しかもそれは、江戸にとっては、その都市としての性格をあらわにさせ、また地理的にも都市江戸の輪郭をくっきりとかたどる場だった。桜の花見こそ近世都市江戸を創り上げ、また世界にさきがけて大衆的公園を日本に生み出す原動力だったのである。

第Ⅴ章 花見の文学

東山での酒宴《花下群舞図屏風》部分　桃山時代

一、個人の不幸に重ねて語られる桜の悲運

❖なぜ花見の文学はないのか

桜の文学はこれまでにも数多く書かれてきた。

どうしてか。

私はいつもこう問いかけながら、桜を語る文学を横目で眺めてきた。「横目で」というのは、「桜」論にいささかうんざりしているところから出てくる。

どうしてこうも桜しか現れないのだろうか。しかも、じっさいに桜を愛で、花見を行って、本当に桜と心を通わせた上で桜を語るのではない桜論が横行している。桜に背を向けて、実体のない心の中の桜への一方的な思いをつぶやくような桜の文学ばかりである。桜を描写する修辞にばかり気を配り、桜はそっちのけで、技巧に走る桜不在の桜の文学——。そしてそれ以上に桜を愛でる人の姿がない桜の文学が横行してきた。

たとえわずかに人が現れたときでも、ただ桜に託して自分のことしか語らない登場人物ばかりにな

るのは、どうしてか。桜の下での人々のにぎわい、交歓がなぜ文学に現れないのか。要するに桜は語られても、花見を語るものがない。そんな気持ちで、花見を語る文学を探し求めてきた。

❖『細雪』の京都花見旅行

近代文学では谷崎潤一郎の『細雪』が、「花見の文学」に数えうる代表的な作品の一つだろう。そこにはにぎわいこそ登場しないけれど、桜だけを描くのではなく桜を待ち望む心や、桜を楽しむ創意工夫が語られ、日本人の桜への受け身ではない能動的なかかわり、つまり「花見」をめぐる心情を描いた美しい物語になっている。戦後の文学研究者たちは、谷崎潤一郎のこの作品に描かれた花見を、王朝風の優雅な花見と解釈した。

中野孝次は、明治までは江戸の花見の習慣が引きつがれ、文学の世界でも力を持っていて、「桜はまだ文学の対象たりえた」と述べている。そして大正期になると、文学では花見ははやらなくなり、短歌や俳句でも桜がうたわれなくなる。中野孝次の言うように「文学は孤独な個人の心に目を向け、花見などは俗な大衆がすることとなったようだ」（「桜」、『花下遊楽』所収）。花見に対する文学者の熱情が失われると共に、桜を題材とした文学も見られなくなる。そしてその隙をついたように、悲しい空威張りの軍国の桜が勢力を拡大していった。

谷崎潤一郎の『細雪』は、日本が日中戦争の泥沼に深く足を踏み入れていった昭和十四（一九三九）

年に執筆準備が始められ、負け戦の坂を転がり落ち始めた昭和十八（一九四三）年、『中央公論』に連載が開始された。そしてただちに軍部の圧力で休止させられた。

谷崎の執筆の動機の奥には、大正頃からの文学者たちの姿勢に対する不満の気持ちと、昭和戦前・戦中の桜を論じる時代風潮への反発が隠れていると私は思う。「孤独な個人の心に目を向け」る桜の文学、一見勇ましいが空威張りが鼻につく軍国の桜論へのアンチテーゼではないか。

美しい三人姉妹の、京都での花見の章が、敗戦後の『婦人公論』に掲載されてようやく日の目を見たことは象徴的だ。そのもっとも視覚を刺激する感動的な場面が、一泊二日にわたる京都花見旅行の最後の平安神宮である。

あの、神門を這入って大極殿を正面に見、西の廻廊から神苑に第一歩を踏み入れた所にある数株の紅枝垂――海外にまでその美を謳はれてゐると云ふ名木の桜が、今年はどんな風であらうか、もうおそくはないであらうかと気を揉みながら、毎年廻廊の門をくぐる迄はあやしく胸をときめかすのであるが、今年も同じやうな思ひで門をくぐった彼女達は、忽ち夕空にひろがってゐる紅の雲を仰ぎ見ると、皆が一様に、

「あー」

と、感歎の声を放った。

（『細雪』）

❖花見を文学にした谷崎潤一郎

戦前の芦屋に居を構える大阪の富裕な階層が皆、こんな風に京都の花見を年中行事としていたとは言えないだろう。元船場の旧家蒔岡家ならではの風習であろうか。だが、それでも春の花見、秋の紅葉狩りや松茸狩りを、京都まで出かけて行うことが少なからずあったと思われる。というのも、そんな楽しみの様子を収めた写真やフィルムが意外に数多く残されているからである。谷崎潤一郎は自分でもそんな行事を楽しんだか、あるいはそうした行事について一度ならず聞いたことがあったのだろう。

　毎年春が来ると、夫や娘や妹たちを誘って京都へ花を見に行くことを、ここ数年来欠かしたことがなかったので、いつからともなくそれが一つの行事のやうになってゐた。此の行事には、貞之助と悦子とは仕事や学校の方の都合で欠席したことがあるけれども、幸子、雪子、妙子の三姉妹の顔が揃わなかったことは一度もなく、幸子としては、散る花を惜しむと共に、妹たちの娘時代を惜しむ心も加わっていたので、来る年毎に、口にこそ出さね、少くとも雪子と一緒に花を見るのは、今年が最後ではあるまいかと思ひ〳〵した。その心持ちは雪子も妙子も同様に感じてゐるらしくて、大方の花に対しては幸子ほどに関心を持たない二人だけれども、いつも内々此の行事を楽しみにし、もう早くから、――あのお水取りの済む頃から、花の咲くのを待ち設け、その時に来て行く羽織や帯や長襦袢の末にまで、それとなく心づもりをしている様子が余所目《よそめ》にも看《み》て取れるのであった。
幸子の夫が貞之助で、この二人には娘の悦子がいる。そして幸子の二人の妹である未婚の雪子と妙子は、例年花見を共にする。谷崎潤一郎の筆によって花見は、戦前の大阪に普通に見られる上流家庭行事として描かれた。

常例としては、土曜日の午後から出かけて、南禅寺の瓢亭で早めに夜食をしたため、これも毎年欠かしたことのない都踊を見物してから帰りに祇園の夜桜を見、その晩は麩屋町の旅館に泊って、明くる日嵯峨から嵐山へ行き、中の島の掛茶屋あたりで持って来た弁当の折を開き、午後には市中に戻って来て、平安神宮の神苑の花を見る。

一泊二日、その間に祇園の夜桜、嵐山の桜、平安神宮の桜をめぐる、じつに濃厚な花見旅行である。食事をとる料理屋や、どのように弁当を開くかまで描きながら、しかしそれによって描写の優雅さは失われていない。

幸子たちは、去年は大悲閣で、一昨年は橋の袂の三軒屋で、弁当の折詰を開いたが、今年は十三詣りで有名な虚空蔵菩薩のある法輪寺の山を選んだ。

一種の観光案内のようにもなっているが、この描写は一般読者に迎合した虚構だけでできあがっているのではない。実際に行われる花見でも、大事な楽しみとして、どこで食事をするか、旅館で仕立ててもらった折詰をどこで開くかは心を浮き立たせる行事なのだった。こうした花見の、いうならば俗な細部にまで筆をのばした谷崎潤一郎は、戦後の作家の中で花見を文学にしえたまれな人物だろう。

大正期の高踏文芸崇拝の風潮と昭和戦前の軍国主義が、花見をさげすみ、そして桜イメージを歪曲したあと、戦後に現れた数少ない花見の文学が谷崎の『細雪』である。桜の文学ではなく花見の文学があるのだ。

❖「世の中に絶えて桜のなかりせば」

戦後の文学作品といわれるもののみならず、文学研究の姿勢を振り返ってみても、およそ古典文学の作品は「桜の文学」としてしかとらえられていない。そこには、「花見の文学」と見る視点が欠けている。

『伊勢物語』には、水無瀬《みなせ》（大阪府三島郡）や交野《かたの》、渚《なぎさ》（大阪府枚方市）付近での花見の様子が描かれている。

惟喬《これたか》の親王《みこ》と申す親王おはしましけり。山崎のあなたに、水無瀬《みなせ》といふ所に宮ありけり。年ごとの桜の花ざかりには、その宮へなむおはしましける。（八二段）

例年桜の盛りに惟喬親王は親しい側近である在原業平《ありわらのなりひら》を連れて、自分の離宮の方面へ花見に出かけた。彼らの花見の様子は、その描写から伝わってくる。

狩りはねむごろにもせで、酒をのみ飲みつつ、やまと歌にかかれりけり。

彼らは、鷹狩りはまともにやらずに、もっぱら宴会と遊びに熱心だった。親王が外出する公的理由として鷹狩りがあり、これにお供する者もいわば「公務」で来ている。ところが、公務はそっちのけで花見の宴遊にふけっている。つぎつぎに酒杯を重ねる様子が「酒をのみ飲みつつ」という表現にあらわれている。高貴な身分の人々も、じっさいの花見の振る舞いは、こんな様子だったのだろう。しかも飲みながらも、和歌をつくり出すことに熱中している。

「やまと歌」というのは、「から歌」つまり漢詩ではないことを強調している。自分たちが感じ、自分たちがつくり出す楽しみを、自分たちの言葉であらわす。そんな姿勢だ。

いま狩する交野の渚の家、その院の桜ことにおもしろし。その木のもとにおりゐて、枝を折りてかざしにさして、上中下《かみなかしも》みな歌よみけり。

男たちも桜の小枝を折り取って髪に挿して、身分の上下を問わず皆が歌を詠んだというのである。詩歌づくりに苦心する「苦吟」という言葉があるが、そんな場面もあったろう。しかし飲み食いも怠らない。楽しい春の一日である。このとき在原業平が詠んだ歌が、

世の中に絶えて桜のなかりせば春の心はのどけからまし

である。世の中に桜というものがまったくなかったなら、咲くのを心待ちにしたり散るのを惜しんだり、心を煩わされることがないから、春の気分はどれほどのどかだろうか、というわけだ。

この歌は『古今和歌集』(春、上)にも入っている。桜にたいしてたしかに起こる感情の一端を言

い当てている。けれどもこの歌の気分だけで、この時の花見の宴の様子を推し量るわけにはいかない。かなり盛り上がって、一座がハイな気分になっていたとみてもおかしくはないのだ。この時、別の人物が詠んだのが、次の歌である。

散ればこそいとど桜はめでたけれうき世になにか久しかるべき

(散るからこそ、桜の花はよりいっそうすばらしいので、だいたいこの世に永遠のものがあるだろうか)

この歌も、酒の酔いからさめてよみ返せば、無常や哀感などに思い至ることもあろうが、詠んでいるときの情景は、にぎやかな宴である。そのとき気分は高揚してはいるが、一方でいかに論理と技巧を凝らして歌をつくろうかと頭をめぐらしているのである。

もっと大事なのは、花見の宴こそが、このような歌をつくり出す場として有効に機能した点である。惟喬親王、在原業平ら一行がその後どのような行動をとったか。

その木のもとは立ちてかへるに、日ぐれになりぬ。御供なる人、酒をもたせて野より出《い》で来たり。この酒飲みてむとて、よき所を求めゆくに、天の河といふ所にいたりぬ。親王に馬頭《うまのかみ》(=在原業平)、大御酒《おほみき》まいる。

お供の者が追加の酒を持って現れて、ではこれを飲もうというのでよいところを捜し歩く。天の河というところで業平が親王にその酒をさしあげた。春の一日を徹底して花見の酒宴で過ごしたという様子に描かれている。そんな中で後には、日本文学の粋を集めたとされる権威ある古典文学全集に必ず収められることになる和歌がつくられていたのである。

惟喬親王は八四四（承和十一）年に生まれ、八九七（寛平九）年に亡くなっている。九世紀の後半、平安時代半ばの頃の花見には、宮中の宴席ばかりでなく、このようなくだけた花見もあったのだ。

❖西行にとってなぜ桜でなくてはいけないのか

和歌の世界では、平安末期の西行（一一一八～九〇年）が、桜の歌人として有名だ。辞世の歌ともいわれる「ねがはくは花の下にて春死なむそのきさらぎの望月のころ」はよく知られている。

俳人で哲学者の大峯顕《おおみねあきら》は、私にとって強く訴えかける著作を公にしている。その西行論は耳を傾けさせる。だからこそここで取りあげるのだが、彼は「西行のさくらは、日本人がおそらく初めて知った新しいさくらの形である」と評する。たしかにそうかも知れない。

『万葉集』ではそもそも桜は花の代表になってはいないし、そのせいか桜の歌は、梅や萩にくらべて数少ない。『古今集』になってから、花といえば桜が主にイメージされるようになり、桜の歌は飛躍的に増える。しかし万葉の歌、古今の歌どちらも西行の桜とは違う、と大峯顕は言う。『万葉集』の歌「春雨のしくしく零《ふ》るに高円《たかまど》の山の桜はいかにかあるらむ」（巻八、一四四〇）にあるように、万葉の詩人たちにとって桜は他者ではない。桜の身の上を思いやる「共感」あるいは自然との「一体感」だと、大峯顕は解する。だが、その一体感は人間の側からの一方的なものだ。いわば直情的な片思いが万葉の桜に現れている、というのが大峯顕の考えである。いっぽう古今集の歌人たちからは、桜との一体感は失われる。桜は美的な観賞の対象、距離をとって眺める自然に変わる。先に挙げた在原業平の歌「世の中に絶えて桜のなかりせば……」などは、桜は他者であり、その振る舞いに不平をいう「一種のエゴイズムの主張」が見られる、と大峯顕は言う。

では西行の桜はどのようなものか。「それは、いかにしてさくらの秀歌を作ろうかということばかりを考えていた宮廷の歌詠みたちと違って、我が心をいかにすべきかという、どこにも答えの見つからない問いに四六時中襲われていた孤独な魂に対して、自らをあらわにしたさくらの形である」（以上「花は救いとなったか――西行のさくらの歌」、『花の変奏〈花と日本文化〉』所収）。

この解釈はよくわかる。「吉野山こずゑの花を見し日より心は身にもそはずなりにき」「花見ればそのいはれとはなけれども心のうちぞ苦しかりける」――これらの歌をみれば、桜は西行の心を強く引き寄せながら、しかし不安にさせ苦しめていることがわかる。大峯顕は西行における「歌道と仏道の幸福な合一」という少し難解な解釈を述べているが、西行にとっての桜は、悩める魂を語りかけられる存在だったのだろう。西行は桜と共に生きるのである。

だが、西行にとってなぜ桜でなくてはいけないのか。そこのところははっきりしない。

ここを又我が住み憂くてうかれなば松はひとりにならむとすらむ

讃岐の空海の遺跡をたずねたとき、そこに立つ一本の松を詠んだ歌だという。松をひとりぼっちにさせて去ることを、まるで友に語りかけるように詠んだと大峯顕は解釈する。西行にとって友は松でもよいのではないか。桜も松もなのか。いや萩でもススキでもいいのだろうか。

❖桜の悲運を救う道

私にいえるのは、西行にとって桜が一番の友であったことだ。その背後には桜を憂いなく楽しめる多くの人々の存在がある。西行が詠む桜の向こうに、西行にとって遠い存在と思える多くの庶民がいるのだ。西行は桜ではなく桜の向こうにいる多くの人たちとの「距離」、もっと直接的にいえば「違和感」を詠んでいたのではないか。

『万葉集』『古今集』の桜と西行の桜の違いは、たしかにある。大峯顕のいうように「西行のさくらは、日本人がおそらく初めて知った新しいさくらの形」かもしれない。だがそれは、桜論と花見論の違いをもとにいえば、花見のない桜である。桜を詠んだ西行の歌には花見は欠けているが、万葉の歌も古今の歌も率直な花見をその背景にもっている。西行の桜は花見から完全に切り離されて成立したものだ。

私にいわせれば、西行の歌に感応する人は花を見ている人ではない。まして花を楽しむ人ではない。花とは遠い人、不安と不満を我が身に見ている人だというほかない。桜に託して、といえば聞こえはいいが、桜にかこつけて、我と我が身の不幸や不満をなにかに向けたい人である。花見を楽しみ、花見に浮かれたとしても、ただちにそれを忘れて、満たされぬ思いに心が向く人である。自分の側の一方的な問題群を、桜に負わせているように思える。桜論、桜観を語る人の多くは、千数百年のあいだ、自分の懊悩を桜に負わせてきた。自分の問題を桜の問題にすり替えてきたのではないか。気の毒なのは桜である。桜のこの悲運を救う道は一つ――「桜」観で桜に接するのではなく「花見」において桜を考えることだ。

二、宴と切り離せない花見の文芸

❖民衆化した「花の下」連歌

平安後期（院政期）に生まれ、中世・近世にかけて流行する連歌は、中世文学の大きなジャンルとされるが、これも花見を欠いては理解できない。というのも、上流の貴族公家層から始まった連歌は、十三世紀の頃から民衆の間で行われるようになり、「花の下《もと》」とも呼ばれるようになった。誰もが入れる社寺の境内の、枝垂れ桜の下で行われることが多かったためである。

連歌は詳しくいえば、短連歌（おそらく民衆起源）と長連歌（おそらく上流貴族層起源）がある。短連歌が歌垣などを起源とする民衆の屋外での連歌であるのに対し、これをもとに発展し、はじめは「殿上人」のあいだで行われた長連歌（鎖連歌）は、いうならば室内の連歌、殿上の連歌だろう。三位以上の者と四位五位でも昇殿を許される人を「堂上」とか「殿上人」といい、また堂上とは公家の総称にもなった。これらいわゆる堂上公家衆の行う連歌会は「堂上連歌」と呼ばれるが、内容からは「室内連歌」「殿上連歌」と呼んでもよいだろう。彼らと違って昇殿を許されない位の低い者を総称して

「地下《じげ》」という。彼らが行った地下の連歌が「花の下」である。上流の連歌に対して、下層の民衆化した連歌が「花の下」連歌だった。

『菟玖波集《つくばしゅう》』（春、上）に、

宝治元年（一二四七）三月毘沙門堂花下にて

桜色に空さへとづる梢かな

花にもりくる鶯の声　　無生法師

といった句があって、これなどはずいぶん早い花の下連歌の例だ。十三世紀の半ばに、こうして桜の下、花見の席で連歌が詠まれていた。ここに記されている「毘沙門堂」とは京都市上京区の出雲路にもとあった寺（出雲寺、のち山科に移っている）で、「無生法師」とは当時の連歌（花の下）の宗匠である。

このような「花の下」連歌は、時代とともに盛んになっていったようだ。そうすると「花の下」連歌が行われている場所に公家・上流階層もおしのびでやってきて、ついには堂々と車を寄せて参加するようになった。花見の宴席とそこでの遊興の楽しさが、下から上へと伝わってゆく。そんな例に出されるのが次のような連歌である。

花の頃、法勝寺にて

糸桜はなのぬひよりほころびて　　前大納言為世（一二五〇～一三三八年）

と侍りけるに、花見る人の中に

霞のころも立ちもはてぬに　　よみ人しらず（巻二一雅一）

おしのびか、堂々とであろうか、民衆が群がる花の下に混じっていた公家が詠んだ歌に、集まった人々の中の一人が句をつけた様子がうかがえる。

鷲尾《わしのお》（＝現在の京都市東山区霊山付近）の花の下にしのびて院の御車を立てられ侍りける日の連歌に

あすもたてうす花ぞめの春の雲　　善阿法師

（『菟玖波集』）

とあって、花見のにぎわいをともなう民衆連歌に心惹かれ、おしのびで現れる上流の人たちの初期の姿が描かれている。

❖賭事の要素もあった連歌

建武元（一三三四）年頃に京都の二条河原に立てられたといわれる、当時の世情を風刺した有名な「二条河原落書」には、連歌の流行を揶揄したくだりがある。

「京鎌倉ヲコキマゼテ一座ソロハヌエセ（似非）連歌在々所々ノ歌連歌点者ニナラヌ人ゾナキ」（京都でも鎌倉でもルールをはずれたような妙なニセモノ連歌、田舎連歌が流行っていて、ほんらい連歌に通じている人がなる審判役、つまり歌の良し悪しの評点をつける「点者」に誰もがなるといった具合だ）。連歌に狂う人がどれほど多数いたかをうかがわせる史料だが、なぜそれほど盛んになったのか。

それは賭事の要素があったことも大きい。公家衆の「殿上連歌」は優雅だったかというと、かならずしもそうとはいえず、歌（句）の優劣や付句数の多寡で勝敗が決められ、扇や櫛や織物など、時には銭も賞品として用意された。賭け麻雀やゴルフコンペを思えばよい。おじさんのゴルフコンペの賞品が、女性向けの品も多いことを考えると、「扇、櫛、織物」などは、中世の昔から男の遊びに女のための景品がついてまわっていたきわめて早い例ではないかと想像させられる。そして民衆の「花の下」では、勝敗をめぐって、賭け麻雀にも劣らぬ真剣な勝負が繰り広げられていたことだろう。

「二条河原落書」から二年後、一三三六（建武三）年に出された室町幕府の法令「建武式目」全一七条のうちには、連歌の賭けについて言及する条があるほどだ。第二条に「或いは茶寄合と号し、或いは連歌会と称して、莫大の賭《かけ》におよぶ」ことを禁じて、「群飲佚遊を制せらるべき事」とするのがそれだ。どれほど連歌が盛んで賭けが横行していたかをうかがわせる。

京都では、「建武式目」が出された頃から、一三九〇年代までおよそ半世紀にわたる南北朝時代に地下連歌、花の下連歌が全盛だった。先に挙げた毘沙門堂や岡崎の法勝寺、清水の地主《じしゅ》権現、東山の清閑寺、鷲尾《わしのお》の正法《しょうぼう》寺、洛西の西芳寺、天竜寺、法輪寺など、桜の名所では春には盛大に連歌興行がうたれた。法輪寺といえば、谷崎の『細雪』で雪子らが弁当を開いた場所である。六百年の歳月を超えて、法輪寺の桜はさまざまな花見の文学を生み出してきたのである。

南北朝以前、鎌倉末期（一三一〇〜三〇年頃）の連歌の様子は、『徒然草』にも次のように批判的な言葉が記されている。

片田舎の人こそ、色こく万《よろず》はもて興ずれ。花の本（＝花の下）には、ねじより立ち寄り、あからめもせずまもりて、酒のみ、連歌して、はては、大きなる枝、心なく折り取りぬ。

（一三七段）

吉田兼好はまた「花は盛りに月は隈なきをのみ見るものかは」といって、見るべき桜は満開、見るべき月は満月、という美学を批判した。そしてこの満開や満月を素朴に愛する俗人の好みを揶揄した上流美学至上主義の主張は、のちに本居宣長に批判されたりするのだが、じっさいは吉田兼好も花見を楽しんでいたはずだ。先の引用部分を読むかぎり、兼好も花見の場に居合わせたことは確実だ。現代にもよくみられる、花見への苦言を呈する人たちと同じで、自分のやりかたが本当の花見だと思っていたようだ。

❖佐々木道誉の大原野花見

連歌は「花の下」と呼ばれるように、花見と強く結びついていた。中世の花見では、守護大名佐々木道誉《どうよ》の大原野での花見の宴がとりわけ有名だ。これはまさに「花の下」が全盛の頃であり、連歌師も数多く加わっていたうえ、そもそも道誉自身連歌を好み、花の下にも数多く出かけていたふしがある。中世の花見といえばよく引き合いに出されるのが彼の大原野花見である。よく知られていると思うので、概略のみ記しておこう。

貞治五（一三六六）年三月四日、佐々木道誉は大原野にある、今日花の寺と呼ばれている勝持寺に花見の宴を開いた。当時彼が対立していた守護大名斯波高経《しばたかつね》が、将軍邸に桜が咲いたので花見の宴を張ろうとし、佐々木道誉も含め名士を招待していた。道誉はその宴席に出るとの返事を出しておきながら、別に自分の花見の宴を用意したのだ。酒肴を用意して待っていた斯波高経こそ迷惑な話である。ただ出席しないだけでなく、道誉は京都市中の連歌師や白拍子など「残らず」引き連れて大原野に宴を張った。この大原野の花見の豪奢さは『太平記』に描かれているが、「香風四方に散じて人皆《ひとみな》浮香世界の中にあるがごとし」と、一斤もある名香を香炉に一時にたき上げた様子を語る。あるいはまた「百味の珍膳」をしつらえたとか、猿楽師、白拍子の芸に宴席の者が大口（袴）や小袖を投げ与えたなど、ずいぶんな乱痴気パーティに及んでいる。これこその後の花見にもつながるものといってもよいだろう。

この章の関心からは、連歌師を残らず連れていったところが興味深い。やはりこれは当時の「花の下」連歌の一つのヴァリエーションなのである。楽しい花見の宴は当時の文学、連歌と切っても切れない結びつきをもっているのである。

❖芭蕉もドンチャン騒ぎを楽しんだ

連歌から分かれてついには独立の文芸世界を切り開いた俳諧も、花見との結びつきが維持されていた文学といってよい。芭蕉の句集に『炭俵』がある。元禄七（一六九四）年に刊行された俳諧集で、いわゆる芭蕉七部集の一つ。それも芭蕉晩年の円熟期の作が収められ、文学史上の一画期だとされているものだ。この中には、花見を詠んだ句、花見から生まれた句がずいぶんあって、江戸時代に盛んになった俳諧においても花見が果たした役割がみてとれる。つぎに掲げる箇所は、句の前書きに芭蕉自身が花見に出かけた様子が記されていて、とくに興味深い。

うへのの花見にまかり侍りしに、人びと幕打《うち》さはぎ、ものの音、小歌の声さまざまなりにける、かたわらの松かげをたのみて

四つごきのそろはぬ花見心哉《ごころかな》　芭蕉

（『炭俵』上巻）

前書きによれば、――上野の花見に出かけたところ、大勢の人出があって、幕を張り巡らし、音曲はにぎやかだし、小歌もさまざまに歌っている。よい場所は占領されているので、かたわらの松の木の陰に座を見つけて詠んだ――というのである。

そしてこの句に出る「四つごき」とは、「四つ五器」あるいは「四つ御器」で、旅の僧などが持ち歩く入れ籠《こ》構造になった簡略な携帯用食器セットである。そんな粗末な器さえも揃わない貧しい花見をやった、というわけだ。むろん俳諧はその字面をストレートに受け取ってよみとれたとするわけにはゆかない。この句の解釈は、これまでにずいぶんなされてきた。最近のものでは、

人の賑わしい花見に対して、自らの貧しい花見を軽く嘆じた句。

（『校本芭蕉全集』第二巻発句篇・下、一九六三年）

［解］……人々はうたいさわざ、美酒佳肴で花見をやっているが、自分はひとり松蔭でまずしい弁当をひらいてさびしく花見をしていることだというのである。うらやんでいるのでなく、その寂びたわびしきをじっと味わっているのであろう。

（岩田九郎『諸注評釈 芭蕉俳句大成』、一九六七年）

幔幕をめぐらし管弦・小唄ににぎわう世間の花見と違って、こちらは松蔭で酒肴も乏しく、四つ御器の大小ふぞろいなように、何やらちぐはぐな気分だ。

（『芭蕉七部集』〔新日本古典文学大系七〇〕）

などがある。

ところがここに一つの史料がある。元禄七年三月七日付け、曾良宛の依水書簡である。「二日に翁同伴にて四五人桜見に登り」とあるので、芭蕉を加えて四、五人が上野の山に花見に出かけたことがわかる。しかも、

例の瓢箪の底をたたき、肴はたんぽぽにて、毛氈の上の腹鼓《はらつづみ》も狸まけぬ酔心、翁の野々宮、熊坂も出る程の大繁昌にて、少々は紅裏も見へ……。

（『芭蕉年譜』〔新日本古典文学大系七〇〕）

とあって、ひょうたんの底をたたいて拍子をとり、どうやらにぎやかにうたったようであるし、芭蕉自身が能の演目「野々宮」「熊坂」を舞ったか謡ったか、とにかく「大繁昌」というからずいぶん盛り上がったことは間違いない。「紅裏」は着物の裏地のことだろう。それが少々見えたとは、女を座に呼んだということではあるまいか。「四つごき」が揃わぬわびしい花見どころか、ドンチャン騒ぎに近い楽しみに浸っているようだ。芭蕉もなかなか隅におけない御仁である。

芭蕉の「四つごき」の句は、こんな楽しみの場を共にもったうえで生まれたものだったと考えるべきだろう。花見の文芸というほかない。

❖民衆は小歌をどのように口ずさんだか

俳諧よりもっと大衆的だったと思われる民衆歌謡にも、花見は不可欠だった。『炭俵』(元禄七年)からしばらく後、元禄十六(一七〇三)年にまとめられた「上方歌」の歌謡集『松の葉』には、花見をテーマにした歌がかなり載せられている。とくに第二巻の「長歌」には、ずばり「花見」と題された歌がある。小野川検校作とされるこの長歌の歌詞には、「風にただよふ幕の内」とか「お側《そば》に引きそふ伽比丘尼《とぎびくに》」とか、幔幕を張り巡らした花見の宴席に、余興を演じ酒の相手をする女性がはべっている様子が浮かんでくるような文句が現れる。

また「花の宴」と題された歌もある。これはしかし、花によせて夫婦の契りの変わらぬことがうたわれているもので、花見の様子そのものを歌ってはいない。とはいえ、このような歌の題や歌詞が、花見の宴席の様子を知る一つのよすがとなる。

では、これ以外の歌は、花見の様子を知る史料にならないかというと、そうではないと私は考える。花や宴席を歌っていない曲が、むしろ花見のさなかに歌われたのではないかと考えておかしくない。

文学研究においては、歌集の成立経緯の探究や、歌の解釈に重きがおかれ、いったいどんな場面で歌われ、誰がどんな状況で歌い、どんな聴衆がまわりにいたのか、といったことはあまり掘り下げられない。歌われている対象と歌そのものに目が向けられ、歌われた状況・情景は忘れられがちだ。和歌や歌謡における「桜論」が横行していて、「花見論」がないためであろう。作品のみの「桜論」ではなく、製作環境の「花見論」も——と主張している私から言わせれば、どうして文学研究者は作品研究しかしないのであろうか。

もちろん文学研究、文芸論は作品そのものを対象にして、その創作世界を解きあかすことがまず第一に問われることは了解している。けれどもどのように詠まれたか、どのような反響があったのかは、文学研究から排除されるものだとは思わない。

『松の葉』をさかのぼること二百年近く、永正十五（一五一八）年に編まれた歌謡集『閑吟集』にも花見の宴席をうかがわせる歌が数多くある。全部で三一一首の歌がおさめられているが、もっとも多いのが小歌であり、全体のおよそ四分の三を占めている。田楽節《でんがくぶし》や僧形（僧の身なりをした）の遊芸人が歌った放下歌《ほうかうた》や猿楽の謡《うたい》など多数の「歌」が現れるが、ほとんどが小歌であることから、『閑吟集』

は現代に伝えられた一種のカラオケ歌詞集と見てもよいだろう。

というのも、小歌とは当時の流行歌、すなわち室町中期以降に好まれた民衆の歌謡だからだ。かなり自由な形式を持った短い歌で、覚えやすく歌いやすい庶民性を備えていたせいだろうか、庶民とこれを相手とする僧侶に限らず、貴族・武士階級にも好まれたようだ。民衆は小歌をどのように口ずさんでいたのか。どんな場所で歌ったのか。それらを想像するには現代の歌謡曲、あるいはカラオケで歌われる演歌を思い浮かべるとよい。つまり、これらの「歌」は当時の民衆歌謡と見るべきだろう。宴席の場で思いを込め、また自分の節回しに酔いしれて、あるいは上達したところを同席の者に聞かせたくて歌うような歌謡だ。あるいは仕事の合間にふっと口をついて出るような、頭に刻み込まれた歌詞をもつ歌である。

『閑吟集』の中のもっとも有名な歌に、

何せうぞ　くすんで　一期は夢よ　ただ狂へ　（五五番）

がある。これなどは中世史研究書の章立てのタイトルに使われたりして有名になった。戦国期の諦念を含んだ享楽への逃避の心情がうかがえるというわけで、中世の人々の、当時の世情に対する姿勢などを説明するときに援用されたりしてよく知られている。

❖室町時代の小歌は現代のデュエット曲

この歌はどのような場面で歌われたか、どのような状況で好んで歌われたかはどう考えればよいのだろうか。それを想像する手がかりはなくはないと思う。たとえば『閑吟集』には冒頭に漢文で書かれた「真名序」と、かなで書かれた「仮名序」という序文がついている。紀貫之らの撰によって十世紀の初頭に編まれた『古今集』には「真名序」と「仮名序」があり、この権威ある最初の勅撰和歌集にあやかってつけられたものとも考えられる。

『閑吟集』の「真名序」では、日本の「歌」の歴史が説かれたあとに、「公の宴席で心を慰めることができるのは、なんと小歌だけ、ということになる」と書かれているので、小歌が宴席で歌われたことがわかる。

しかも「公の宴席」とはいうものの、その多くが男女の仲を歌い、また男女双方の、相手を想う心情が圧倒的に多い小歌は、「公」ではないくだけた宴席でも当然歌われたと考えてよい。

『閑吟集』以前、平安末期から盛んに流行した当時の現代歌謡曲としては、今様《いまよう》がよく知られている。この伝統から枝分かれして生まれた一つが小歌である。今様を集めた代表作は後白河法皇の編集による『梁塵秘抄《りょうじんひしょう》』が有名だが、これも当時の宴席でうたわれたものだった。今様はのちの時代の小歌に比べ、庶民層ではなくおもに貴族層にになわれたせいもあってか、やはり堅苦しさ、まじめさが抜けない。神仏・諸霊を詠んだ歌が男女の機微を詠んだ歌にくらべて多く、それこそ「公の宴席」に似合うものだろう。今様はせいぜい貴族の花見の席にしか顔を出していなかったと見てもよい。だが室町時代の小歌に至っては、にぎやかな花見のような宴会で好まれる余興の歌だと考えてもよいものので、「公の宴席」と書いている「真名序」のたてまえに縛られて考える必要はないだろう。現代のカラオケのデュエット曲とでもいうほかない歌が多数ある。

さて何とせうぞ　一目見し面影が　身を離れぬ　（三六番）

いたずら物や　面影は　身に添ひながら　独り寝　（三七番）

（ああ、どうすればいいのか。一目見たあの人の面影が頭から離れない）
（いたずらな奴め。面影だけは身にまつわりついているが、独り寝とは）

私の勝手な訳をつけたが、これなどは、たとえば「銀座の恋の物語」や「三年目の浮気」などのデュエット歌謡曲と同じと見ればわかりやすいし、古典だって身近になろうというものだ。

『閑吟集』の歌の編集は、一人が詠んだ上の句に、別の人が下の句を付けて一つの和歌にする連歌の手法を念頭に行われたようだ。まず最初に一人が詠んだ発句に別の人が句を付け、それに別の句が付けられ、という風につぎつぎと連ねられていく連歌の「付け合い」がそもそもデュエットではないか。

花見の宴で、これらが歌われて宴席の気分を盛り上げ、歌が終わると拍手喝采なんてことがあったはずだ。「課長、次よろしく！」「だめだよ、おれは音痴だから」「いえいえ、みんな聞きたがってんですから」「いやー、係長の歌を聞こうよ」「ダメです、うまいの知ってますよ。それ！　カッチョッオー、カッチョッオー」などとはやし立てられ、しぶしぶをよそおって、けっきょく歌う。そんな現代の宴会の様子が『閑吟集』の歌からも目に浮かんでくる。

とくに流行の小歌は、宴席とは別に多くの人に口ずさまれていたと考えるべきだろう。『閑吟集』などは、まさに花見がかなり広い層にまで行われていたことの証拠にもなるものだ。

花見の史料は、なにも花見を直接叙述し、詠んだものだけに限らない。桜論が陥る精神主義は、桜を「論」じることだけで日本人の桜観を見ようとしたことにも原因があるように思う。「論」だけから「実体」をつかもうとする、欠陥のある手法ではないか。「花見」の実体をつかもうとするとき、花見を「論」じたものだけに頼ってはならない、というのが教訓だ。

この章を「花見の文学」と題しているのは、花見が文学の場をつくり出し、文学の中に花見が大きく貢献しているとの考えによる。

中世の花見の様子は、直接その状況を描写した文献が都合よくは出てこない。しかし、いくつかの「花下遊楽図」や「東山遊楽図」などに描かれている宴席の人々の舞い踊る姿や、歌っている様子に歌謡集の歌を重ねて想像すれば、当時の花見の様子が立体的に見えてくるではないか。

こうした手法は、花見の臨床学ともいうべきものかも知れない。象牙の塔の学問よろしく、手堅い作品解釈だけで文学研究としているのでは、実体に迫ろうとする想像力が枯渇してしまう。中世から近世にかけて生まれた「うた」は、研究者によって「歌謡」と名づけられはしたが、歌謡らしさを説

武家と僧侶の花見　《月次風俗図屏風》部分
室町時代　東京国立博物館蔵

桜の下での宴　《淀橋本観桜図屏風》部分
江戸時代中期　大阪歴史博物館蔵

明してくれる論考にはなかなか出会えない。「うた」を花見の実態と結びつけながら理解しようとすれば、「歌謡」と名づけた意義も浮かび上がってくるというものだ。中世に盛んに行われた連歌も小歌も、花見と切り離して考えることはできないと思うのである。

❖さらなる民衆的広がりをみせた江戸期

近世、江戸時代には、花見と文芸はさらに民衆的な広がりをみせた。すでに俳諧や上方歌などは紹介したが、どのような花見の場面が見られたかをうかがわせるのが、次の文献である。

　年毎の花は、芳野の春よりも爰《ここ》ぞ上野のながめそと、暮中うちつづく花の下は、敷島のむしろを見はりて、連歌催すもあり、ほうつえにかほをすかめて俳諧をつらねとものするもあり、歌を謡《うたい》、詩を吟じ、さざめきささのむさまざまは、実にや東のはてしまで、人の心のおくそこもなきたはぶれかなど、爰かしこ見やりめくりて、……

（身獨軒一夢子「上野花見行記」、『江戸雀』）

これは名所案内記とくくれるジャンルの早い作品、『江戸雀』にあらわれる花見の様子だ。ここには花見の筵《むしろ》ごと、つまりグループ毎に「連歌」「俳諧」「歌」「詩」などを詠み歌っているさまが描かれている。

「我《わが》幼き比《ころ》に、上野物語といふ草紙ありけり。これは寛永寺の花見に、人の群来る事共をしるせし也」(『折たく柴の記』)。第四章でも紹介したが、これは新井白石の三歳頃の思い出で、コタツに足を突っ込んで腹這いでこの草紙を見ていたという。とするとこれは万治二(一六五九)年のことなので、もうそのころ上野の花見の群集が、幼い子どもの読み物にもなっていたというわけだ。

❖花見団子は饅頭

前章で花見の大衆化の歴史をたどり、今につながる都市の民衆行事としての花見の成立を、江戸時代享保期(一七〇〇年代初期)とした。そんな花見の様子をもっとも数多く描写した文芸は川柳であろう。『誹風柳多留《はいふうやなぎだる》』には、花見風俗に題材をとったものが多数ある。

いつちよく咲いた所へ幕を打ち(きわめこそすれ〳〵)(宝永十一年、礼1)(「初編、32」)

上野の花見風景であろう。花見の席を設ける係は、朝早く出かけていって、杭を打ち、場所をとる。そして家紋入りの幕、花見幕などを張りめぐらし、幕の内には赤い毛氈などを敷いて待っている。「いつちよく」というのは「一番よく」という意味で、花が一番よく咲いた、花見に一番よい場所という意味で、いち早く「幕を打」つこともかけている。場所取りは、昔も今もかわらないようだ。

花の山抜いた抜いたが嵐なり(盛りなりけり〳〵)(明和三年、梅2)(「四編、14」)

これも上野の山の花見の句だろう。宴たけなわが過ぎ、酒がまわってきて酔っ払いの喧嘩が始まったらしい。どうやら武士とみえて、抜刀したらしい。周囲は逃げまどう。大声で「抜いた抜いた」と騒ぐのは、楽しみ半分かもしれない。満開の花の下での、あわや刃傷沙汰といった喧噪、逃げまどう人たちの混乱、巻きあがる砂ぼこり。それこそ「花に嵐」というではないか、の心境である。

花に背を向けて団子を食っている（こぼれたりけり〈一〉）（安永元年、満2）（「十、13」）

花見といっても花ばかり見上げているわけではない。むしろ酒に肴、とにかく飲食がなくてはどうにもならない。花なんか見ないで団子を食べているのがなぜ句になるのか。「そもそも花見とは……」といった気持ちが一方にある。揶揄する気分、居直る気持ちが「花より団子」という言葉を生む。山路閑古《やまじかんこ》によれば、「花より団子」が「いろはかるた」にあらわれるのは、嘉永末年（一八五〇年代）のことだという。

ところがこの句は、安永元（一七七二）年だから、はるかに古い。句が先にできて諺が生まれたのである。さらに古くは「花より饅頭」という諺があって、元禄期の其角の句に現れる。花見などの携帯食としては饅頭などが最も適していた。いっぽう、当時の「団子」は牡丹餅であったから、携帯食としては不向きであった。明和の頃（一七六四〜七二年）に串だんごなどができて、花見だんごとして饅頭の代用をもするようになったが、それでも餡がこぼれたりして、野外の食い物としては不向きであったという。〈こぼれたりけり〉はそうした情景があることの証明だとのこと（『古川柳名句選』)。

❖近代文学と花見

このように花見は、今日文学者が扱うさまざまなジャンルの文学をつくり出してきた。近代文学の中にも花見は登場する。江戸を引き継いだ花見が明治にも残っていて、明治の文学では「桜はまだ文学の対象たりえた」という中野孝次の言葉を先に紹介した。ところが大正・昭和になると、短歌や俳句にも桜が少なくなる。注意しておきたいのは、花見はすたれたわけではなく、庶民のあいだでも、中・上流階級でも続けられていた。さらに注意しておきたいのは、花見が文学への情熱をかき立てる力をもたなくなったのか、桜がもたなくなったのかである。

桜の文学、すなわち桜観が基となる文学では、昭和二年に世に出た梶井基次郎の『桜の樹の下には』の冒頭の一行がとくに議論を呼ぶ。「桜の樹の下には屍体が埋まつてゐる!」がいかに文学の世界では衝撃的だったか。小川和佑は「この梶井基次郎の一行ほど昭和文学を震撼《しんかん》させた言葉は見あたらない」と記す(『桜の文学史』)。だが「震撼」などと私にはいっこうに感じられないのは、桜論はおおむねこれに近い心情をいつの時代でも語ってきたと思うからだ。何のことはない、西行の桜の歌はこれ以上の衝撃力をもっているではないか。

西行の歌について先に述べたように、梶井基次郎のこの一行には、じつは桜は存在しないのである。

大峯顕が書いた「西行のさくらは、日本人がおそらく初めて知った新しいさくらの形である」との解釈、小川和佑の「昭和文学を震撼させた」との評言は同質のように思える。これまた先に述べたように、これらに「感応する人は花を見ている人ではない。まして花を楽しむ人ではない。花とは遠い人、不安と不満を我が身に見ている人だというほかない」。

軍国の桜を非難するのはたやすいが、あの桜観に振り回された心と、西行や梶井基次郎のような桜観に共感する心との距離はどれほどあるか。私の正直な気持ちをいえば、同一とはいえないけれども、それほど距離はないかも知れないとの疑いをぬぐい去ることができない。桜論ではなく、花見論を語りたいと思う私の気持ちは、そんなところからも出てくる。「文学は孤独な個人の心に目を向け、花見などは俗な大衆がすることとなった」（中野孝次）。大正から昭和戦前、花見と桜が切り離されたことを思う。

❖花見は「年に一度の戦争」

花見の文学というと違和感をもつ人のために、花見を論じたもの、花見から生まれた文章を最後に挙げておこう。

日本は桜の国だ。春になると南から桜前線が攻め込んでくる。そうするともう日本中が大変なのだ。さあ攻めてきたというので、みんなで弁当を作り、ゴザを用意し、いまはビニールシートだが、酒ももちろん買い込んで、仲間と連絡しあい、集結地点を確認する。会社や団体ごと動くこともあり、その場合はまず若い斥候が密かに集結地点を偵察に行き、あらかじめビニールシートを仕掛ける。そうやって敵を防いでおいて、そこへ本部隊が出陣して行く。

（赤瀬川原平『仙人の桜、俗人の桜』）

じつにおもしろい花見論だ。これに私が妙な要約や解説を付けたら台無しになる。けれどもなにせそのまま全部引用したら、モメゴトにもなるだろうし、私の本にもならない。それに紙数もずいぶん増す。要約・省略でお許しいただきたい。

赤瀬川は、花見を「年に一度の戦争」とユーモラスに表現する。日本で毎年行われる「戦争」だというのだ。この「戦争」を

中には、

「下らない」

といって地下室で酒を飲んでギロンをつづける人もいるが、それはたんにその人の年齢表現である。日本人である以上、いずれは桜の樹の下へ出陣して行く。

つまり若いうちはなかなか日本人になれないもので、アメリカ人になったり、フランス人になったり、イタリア人になったり、あれこれしている。でも歳をとるとどうしても日本人になってきてしまって、気がついたら満開の桜の下で酒を飲んでいる。

これは芭蕉晩年の「かるみ（軽み）」の境地に通じる、といえば文学愛好家に納得してもらえるだ

ろうか。

赤瀬川原平の比喩を借りて私の勝手な芭蕉論をいうと、芭蕉は晩年になるまで、さまざまに思い悩み、「アメリカ人になったり、フランス人になったり」していたのではないだろうか。句作、吟行に迷い、人生に悩み、なかなか日本人になれなかった。じつは先に紹介した花見の句は、元禄七年、芭蕉が亡くなる半年ほど前の句なのである。晩年になって「どうしても日本人になってきてしまって」そのとき芭蕉は「かるみ」に到達できたのだ。

私の花見の文学論、これにてひとまずおしまい。

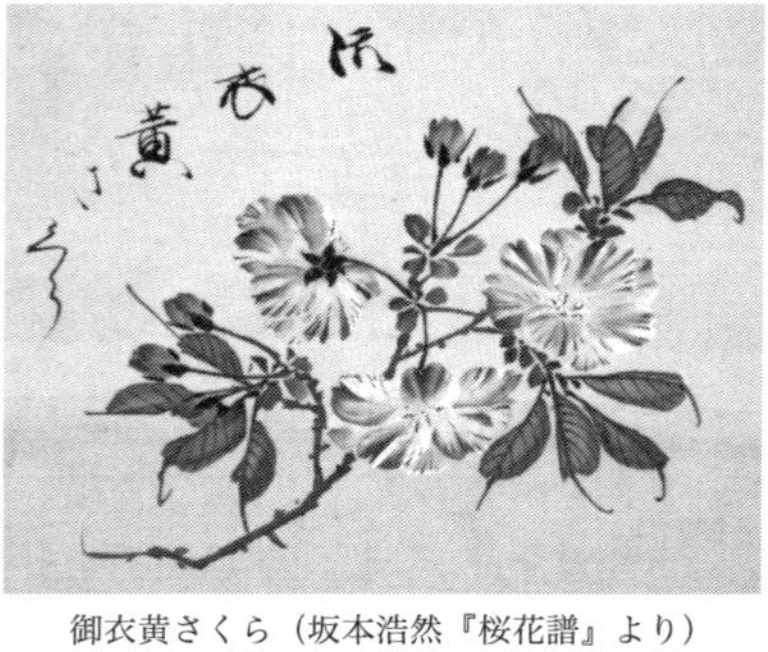

御衣黄さくら（坂本浩然『桜花譜』より）
江戸後期　国立国会図書館蔵

第Ⅵ章 現代社会と花見

住吉具慶《観桜図屏風》部分　江戸時代

一、現代の非日常・ハレの行事

❖ベストセラー『〝花見酒〟の経済』

花見は、民俗学、歴史学、文学の対象になるにしても、ことさら論じるまでもない楽しみであり、日本人のありふれた屋外の娯楽とみるのが普通だろう。とりたてて否定的なイメージで語られるわけではなく、誰もが享受できる現代日本の習慣であるといったおだやかな受けとめかたが一般的だ。しかし「花見」という表現は、花見がもっている享楽的な側面から、別のイメージで世に流布することもある。とりわけ価値観をともなって流布した最も強烈なイメージは、一九六〇年代に現れた。火付け役は、当時朝日新聞論説主幹をしていた笠信太郎《りゅうしんたろう》だった。

その笠信太郎が出した『〝花見酒〟の経済』。一九六二年二月に朝日新聞社から出版されたこの本はベストセラーになり、その後「花見酒」という表現は、日本経済の危うさを語るときのキーワードとなった。

「花見」は「花見酒」という熟語の中で、享楽・娯楽・消費のマイナス面を示すものとして世に流布したのである。この言葉がどれほど強烈なインパクトを持っていたか、マスコミや政治・経済界で、三十年以上経っても、この表現が幅を利かせているのがそれを物語る。試みに、一九九〇年代の一般雑誌に載った記事を列挙してみよう。

・一九九一年
「三月危機説急浮上の第三次花見酒経済——〃バブル地価〃はどこまで下げればいいか」(『エコノミスト』毎日新聞社、一月)
「事件に学ぶ会社法入門6　花見酒の構造=日米構造協議事件——株式の相互保有」(『法学セミナー』日本評論社、十月)

・一九九二年
「スペイン経済——EC先進国への関門——万博、五輪の〃花見酒〃の次に来るもの」(『エコノミスト』毎日新聞社、五月)

一・九九三年
「花見酒の終わったニッポン経済」(『中央公論』中央公論社、五月)

・一九九四年
「労働組合を動かす人々(172)三分咲き下の花見酒春闘——春闘史上初の四年連続ダウン」(『労働レーダー』労働問題研究会議、五月)

・一九九六年
「労働組合を動かす人々(193)花見酒春闘の狂騒曲はじまる」(『労働レーダー』労働問題研究会議、

三月）

・一九九八年

「民放界〝花見酒の酔い〟を一気に醒まさせる『デジタル化』という名の黒船」（『Decide』」サバイバル出版、四月）

「アメリカの『花見酒相場』も限界に──NYダウ一万ドル乗せまで達成感ない!?」（『週刊東洋経済』東洋経済新報社、四月）

「花見酒経済を煽り、金融危機を見過ごした日本の経済記者たち」（『SAPIO』小学館、五月）

・一九九九年

「資源最悪配分天国・〝花見酒〟経済の解体新書……」（『証券アナリストジャーナル』日本証券アナリスト協会、一月）

だんだん件数が減少しているとはいえ、私がざっと調べた範囲でこの程度であるから、ほとんど毎年一～二件は「花見酒」と題した記事が現れていると考えてよいだろう（その後にも、「経済観測　日本も世界も今や〝花見酒の経済〟」『経済界』〔二〇〇四年三月〕、「〝花見酒〟にならない住宅ローン貸出を（リテール）」『週刊金融財政事情』〔二〇〇七年十一月〕などの記事が見受けられる）。雑誌の多くは労働・経済・金融関係を扱うもので、記事の内容はほとんど経済上の浮かれた行為や消費の拡大、要するに「景気のいい話」を戒めたり否定的にとらえる論調で一貫している。花見酒とは、地に足が着いていない浮かれた振る舞いの象徴になっており、したがって「花見」も堅実でまっとうな経済行為からかけ離れたものをイメージさせる道具にされているのである。

❖景気の良い話題を連想させる「花見」

さて、笠信太郎のベストセラー本のタイトルのもとになった「花見酒」は落語の演題からとったものだ。「花見酒」には噺家によっていくつかのバリエーションがある。いま話題にしている本の著者、笠信太郎の語るあらすじを、まずおさえておこう。

花見に通る人出を見かけて、熊さんと辰つぁん、オレたちも花見をやろうじゃないかということになった。が、先立つものは金。その金がない。熊は一策を案じて、一つ花見をしながら金もうけをやろうじゃないかと持ちかける。通りの酒屋の番頭に掛けあって、灘の生一本を三升借りこんで、これを花の下にかつぎ込み、コップ一杯十銭で売ろうという名案を考え出した。客が二十銭銀貨を出したときにツリがないというのも気がきかないから、十銭玉一枚だけは用意して行こうと、周到ぶりもよろしく、樽をかついで、よいしょよいしょと出かけた。

途中、うしろをかついでいた熊さん、匂いばかりかがされて、とうとう我慢ができなくなり、

「おい辰、商売だから、ただ飲みはわるかろうが、銭を出したら、おれが飲んでも構うまい」

「構わねえとも、だれに売ったっておんなじだ」

というわけで、一杯おれに売ってくんねえ、ホラ、十銭だよと、たしかに支払って、熊は一杯ぐっ

と飲みほす。売って十銭を手にした辰も、これを見ては辛抱しかねて、

「兄貴、おれにも一杯売ってくんねえか」

「いいとも、買いねえよ」

「じゃ十銭払うよ」

二人はみちみちこれをつづけ、やがて向島に来たころは、もうベロベロで、客がついたときは酒はとっくに売り切れ。じゃ一つ売上げを勘定しようじゃないかと、熊が財布をさかさにしたら、ジャラジャラとは出てこないで、十銭玉一つころげ出た。……


ざっとこんなあらすじを紹介して、笠信太郎はこれをたとえにして、当時の日本経済の状況に対する疑問を展開する。「いまの日本の経済には、これに似た一面がある」と同時に、およそ一国の経済は、すべてこういう一面を持っているという。――三升の酒を三升とも飲んでしまったからその先がない。二人で飲むのを一升に止めておくか、あるいはたとえ二升飲んだとしても、話は続く。一升でやめて、残る二升を十銭で売っていたなら、二人は番頭に借りた酒の代金を支払った上、多少の小遣いまで残ったかも知れない。これを一国の経済へのたとえとして見ると、国内消費をどの程度まで進めて、一杯景気をつけることができるかは、国の経済規模に応じ、経済発展の段階に応じて勘案されるべきだ。――これが笠信太郎の言わんとするところだった。

この本は四章立てになっているが、全体のおよそ半分を占める長文の第二章「特殊段階の日本経済」が書かれたのは、昭和三十三（一九五八）年九月頃のことである。のちに「岩戸景気」と名づけられ

ることになる好景気が始まった頃だ。前年の昭和三十二（一九五七）年は、三十年頃から続いた経済の活気を「神武景気」と呼ぶのが流行語になった時代だった。日本始まって以来の好景気という意味でつけられた「神武景気」とともに、この年は「三種の神器」も流行語になっている。白黒テレビ、電気冷蔵庫、電気洗濯機の三つの家電製品の売れ行きが急速に伸びた時代だった。

笠信太郎の主張は、こうした国内消費の伸張に浮かれる風潮に注意を促し、世界的に見た場合、日本の「景気」の現状は、足腰の弱い、危ういものと見て、警告しようとしたものだ。国際的な競争力をつけることに努力せよという主張でもあった。

『〝花見酒〟の経済』がベストセラーになったのは、論旨の展開のうまさ、主張のわかりやすさのせいだ。タイトルにつけられた「花見酒」が、誰にも身近な「花見」を含んでいたこともある。しかも、誰もがどこかに、ただ浮かれるだけでは後ろめたいと感じていた戦後のまじめな気分に、強く訴えるところがあったためだろう。「花見酒」はその後も、便利なキーワードとして、経済界では今日まで生き続けているわけだ。景気の良い話、心地よい話題、浮かれる気分となれば、どうしても花見が頭に浮かんでくるのは日本ならではだろう。

❖参加者全員が楽しめる家庭の年中行事

日本の経済が、その後も全体的に見れば諸外国に比べ大きな停滞を示さなかったように、花見もほとんど下火にならず今日でも行われている。シーズンになると決まって、旅行雑誌が桜の名所情報を特集したり、花見の場のにぎわいや混乱が週刊誌ネタにもなるくらいに、花見はずいぶん広く行われている。ところが、現代に生きる日本の文化としてとらえる考え方が乏しいせいか、きちんと調べようとする試みが少なく、実情はなかなかつかまえられていない。だいたい「桜だより」などと、各地の開花情報を新聞が毎日報道する国があるだろうか。これほど広く花見への関心がみられるのに、日本の文化として考察してみようとの試みがないほうがおかしい。

サントリー不易流行研究所が一九九二年にまとめた『現代家庭の年中行事』は、ほとんど類似するものがないユニークな調査・研究である。副題に「三六六家族からの報告」とあるように、現状を考察した報告に加え、詳しいアンケート調査が載せられている。その結果をみると、現代家庭の年中行事に「花見」がちゃんと大きな位置を占めていることがわかる。

アンケート調査による「行事」の実施率でみると、花見は調査対象の二六・一パーセントの家庭で行われている。これは正月（九二・七パーセント）、クリスマス（七九・一パーセント）、節分（六一・五パーセント）に比べれば低い数字だが、七夕（二三・五パーセント）、七草（九・八パーセント）、月見（一四・五パーセント）など他の伝統的行事に比べればかなり高い数字だ。

この調査のまとめでは、家庭の年中行事としての花見の実施率は七夕と同程度で、意外に少ないと書かれている。だが、この調査は「家庭の年中行事」と枠を決めているので、職場単位で行われるような花見は含まれていない。それらを含めれば、もっと高い数字になるだろう。「お花が大好きなので、花の季節は何回も集まって飲み食いしゃべり、青空と花を愛でつつ一日楽しく過ごします」（東京、五十八歳）といった回答は、いまも日本人が屋外で飲み食いを共にしながら花を愛でる楽しみを保持していることがうかがえるものだ。

花見の場所は、ほとんどが自宅外（九二・四パーセント）で、行き先は観光地（八七・一パーセント）が多く、その内訳は公園・植物園（四四・四パーセント）や山（三一・五パーセント）などである。公園や植物園、山などという回答は「観光地」に入るのかどうか必ずしも明確ではない。だが、ここから読みとれるのは、自分の庭に咲く一本の桜を愛でるといったものではなく、桜の名所、桜が多く植わっているところが選ばれていることを示す。そして「観光地」をめざすのはやはり他人も行くところ、人が多いところ、すなわち群集が存在するところを選んでいることになる。花見の三要素の二つ――「群桜」「群集」は、家庭の花見にも当てはまる。

また、お弁当や飲み物、お菓子など、花見に飲食物を携えて行く家庭が八七パーセントを占めている。これも、花見の三要素のうちの「飲食」がやはり大事であることを物語っている。むしろ家族がまとまって、ともに過ごす時間だからこそ、飲食は欠かせないとみることができる。しかも飲食物を携えて行く家庭のうち、半数が弁当を手作りしていた。

調査対象期間は一九九〇年十月から一九九一年九月であるから、一九九〇年もしくは九一年の春の花見時の状況である。家庭の年中行事としての花見では、意外に熱心な飲食の準備がみられる。さらに興味深いことに、有職主婦が専業主婦に劣らず弁当を手作りしていた。ホテルやレストランで外食したり、テイクアウトの弁当を利用しているのはむしろ専業主婦の方であったという。

これは花見がやはり非日常の行事であり、なにがしかのハレの行事として受けとめられていることを物語るものだろう。とはいえ、現代の非日常・ハレの行事といっても、とくにめかし込んで出かけるわけではない。ほとんど普段着程度で、花の下にビニールシートを広げて、思い思いに花見を楽しむ。その気楽さゆえに、人気の下落がない。しかも、家庭の年中行事としては、参加者全員がそれぞれに負担なく楽しめる行事であることも大きい。

❖女性への負担が少ない家庭行事

妻のほとんどは弁当作りを引き受けてはいるが、この調査にあらわれた他の行事と比べてみると、その負担は軽いようだ。「年中行事」の準備や後片付けを担う妻の負担率は、「家族の誕生日」や「バレンタインデー」で八〇パーセント台、「父の日」「敬老の日」で七〇パーセント台、「ひな祭り」「こどもの日」で六〇パーセント台になる。ところが「花見」の場合は二七・四パーセントである。妻にとって弁当の準備はありながらも、それ以外の負担はあまりなく、家族のためだけでなく自分もゆっくり楽しめる行事になっている。

アンケートやインタビュー調査で、花見の際に誰が「主人公」かとの問いに対して、「夫」五一・九パーセント、「妻」五〇・九パーセント、「子供（男）」七〇・四パーセント、「子供（女）」六〇・九パーセント、

「夫の父母」六二・五パーセント、「妻の父母」五〇・〇パーセント、「友人・隣人」五三・八パーセント、という回答になっている。いわば参加者の誰もが主人公になってそれぞれに楽しんでいると見てよい。

家族構成から見て、新婚の時期には、夫婦二人でのデートの延長のような花見、あるいは夫の友人や会社の同僚との花見に妻が参加するパターンが多い。後者は夫の友人・同僚への紹介・顔つなぎの場にもなっている。子供ができると、夫中心がくずれ、妻と子供、友人とののんびりした花見に移行する。子育てが核となり、その間にできた友人や子供の遊び仲間の家族等との花見である。

この間の花見ライフステージをまとめると、「新婚二人」型、「会社・同僚」型、「子育て」型といったところだ。子供が就学する以前は、家族揃っての花見がおこなわれるが、子供が学校へ上がると家庭行事としての花見は下火になる。

花見の実施率がもっとも低いのは「長子が小学生の世代」(二一・八パーセント)である。子供が親と一緒の時間を過ごすことに積極的でなくなるからだ(ちなみに「子供がいない二十、三十代の世代」二九・八パーセント、「長子が未就学の世代」二三・一パーセント、「長子が二十歳未満の世代」三三・三パーセント、「長子が二十歳以上の世代」二二・七パーセント、「子供が独立、または子供のいない四十代以上の世代」四二・九パーセント)。

子供の年齢が上がるとさらに家族全員での行事は少なくなる。だが、花見は衰えない。今度は夫婦二人、あるいは夫婦それぞれの親族や友人たちとの、酒もたくさん入っての花見、つまり大人同士の花見が盛んになる。自宅の庭で、あるいは温泉旅行を兼ねた花見など、多様な花見が行われる。子離れ後、あるいは定年後の五十、六十代の夫婦が、とくに花見を楽しんでいる。時間的にも精神的にも余裕をもてるこの世代のなかには、桜前線の北上に合わせて花見旅行を楽しむ人もいる。

子供も独立し、夫も定年退職した東京在住のある夫婦は、「本州でいちばん早く咲く紀三井寺の桜から、醍醐寺、高雄の神護寺のしだれ桜、造幣局の通り抜け、弘前城、角館は武家屋敷のしだれ桜、桧内川の桜並木のトンネル、吉野の下・中・上の千本桜と、あちこちの桜の名所で年に何回もお花見を楽しんでいます」という。

❖花金《はなきん》から花木《はなもく》へ

一九九〇年代はじめのこの調査では、多くの人が「来年もつづけたい」と答えるほど花見の人気は根強い。ただし大都会では、ここ数年の花見時の混雑ぶりにうんざりしているとの答えがみられる。「花の下を歩くだけの人間観察でしかなかった。去年までは夫婦二人で、手作り弁当とワインや日本酒で豪華に花見の宴を楽しんでいたのですが、今年はあまりの人出に恐ろしくなり歩くのみにしました」(東京、三十五歳)。「期間中たった一度の日曜日とあって、すごい混雑でした。最初のうちは珍しい花の種類に感動していましたが、後半は子供も寝てしまい、早く通り抜けたい一心でした」(大阪、二十八歳)(『現代家庭の年中行事――366家族からの報告』)。

後者はどうやら大阪造幣局の通り抜けらしい。造幣局の通り抜けは、私の定義からは厳密に言うと

「花見」に入らない。「群桜」「群集」は申し分ないが、「飲食」に問題がある。入口・出口に屋台がずらりと並んでいるが、じっさいは落ち着くどころか座って飲み食いすることもできない。縁日・夜店と思うにしても立ち止まるのもままならず、歩きつづけるほかないようでは、桜の観賞にもならないだろう。造幣局の通り抜けは、花見の場というよりは盛り場といった方がよい。

とはいえ、混雑がわかっていても人は集まってくる。花だけでなく群集を見て、また群集の一人となって体験するために人は花見に出かけるのだ。これも花見が衰えない理由の一つである。

先の調査が行われた一九九〇年代はじめはまだ、その後のバブル経済の崩壊を予見することもなく、人々は好景気に酔っていた。花見は贅沢な楽しみではない。金のかからないきわめて庶民的な娯楽である。バブル経済華やかなりし時ににぎわっていたのは、むしろ接待の高級クラブやバーや宴会場だった。しかしその活気は花見にもおよんで、各地の花見の名所はにぎわっていたようだ。先の調査に答えたなかに「どこもかしこもゴミの山とその悪臭、下手クソなカラオケの騒音、酔っぱらいのバカ騒ぎ、救急車……なんだかどんどん愚劣さばかりが目立つようになってきている」といった憤慨の声があった。カラオケ装置を持ち込むことが八〇年代後半から増えていた。これが花見の喧噪を度が過ぎたものにしていたことは否めない。

一九九一年の朝日新聞東京版では、「花見の〝トラ〟に動物たちグッタリ」と報じられている。川崎市の桜の名所、夢見ケ崎動物公園で、不眠症や神経性の下痢などに悩まされる動物たちが続出しているという。広さ六・六ヘクタールの丘陵に動物飼育舎があり、全域に桜約五〇〇本が植わっている。

シーズンには一日平均二万人、週末には五万人もの入場客がある。昼夜出入り自由なので、夜桜見物の客が入り込み、騒ぐので動物が眠れなくなっている。上野公園にはこのころ一日二〇万〜三〇万人の花見客が訪れているが、上野動物園と花見の場所とは離れているので動物には被害が及んでいない。

一九九二年四月三日（朝日新聞夕刊）では、その上野公園の花見の場所取りが報じられており、朝五時にはもう青いビニールシートやゴザが敷きつめられて満席状態になっているという。会社の仕事が終わる週末の繁華街の異様なにぎわいを称して「花金《はなきん》（＝花の金曜日）」と呼ぶことに始まり「花木《はなもく》」にまで及んだ頃である。前夜十時前からテント、寝袋持参で陣取りをしていたり、朝の三時まで仕事をしてそのまま直行してきたサラリーマンなどがいるほどだから、花見は相変わらず盛んだったわけだ。

二、日本社会への問い直し

❖宴の場での「事なかれ主義」

このころ上野公園で話題になったのはイラン人の花見だった。一九九一年三月二十六日（朝日新聞朝刊）に出ている見出しは「花見客とのトラブル防止へ――イラン人に公園で説明」。当時、イラン人が多数日本に出稼ぎに来ていた。彼らは就職活動や情報交換の目的で、東京ではとくに上野公園に集まることが多かった。故郷に国際電話する者を相手に、変造テレフォンカードを売りつける者もたむろしていた。一二〇～一五〇人ほども上野公園に姿を見せていたという。

花見時には日本人が大勢集まる。酒に酔って気が大きくなり、しらふの時には考えられない行為に及ぶ者もいる。そこで上野署がイラン人と花見客とのトラブルを避けるため、ペルシャ語のビラを用意したという。

「日本人は集団で花見をしながら酒を飲む習慣があります。これらの集団に同席しますと、トラブルの原因になりますので注意して下さい」

「花見客が大勢通りますので、この辺にたむろしないで下さい」

「この時期は酒を飲んでいる人が大勢います。これらの人たちとトラブルを起こさないように注意して下さい」

日本語とペルシャ語で書かれていたというが、ただトラブルを避けたいとの「事なかれ主義」の考えしか伝わってこない。「同席しますと、トラブルの原因になります」を、ペルシャ語でどう表現したのか知らないが、この日本語表現はひどい。「同席」＝「トラブルのもと」とは花見も低く見られたものだ。

たしかに日本人の花見のマナーに心配な面は多々ある。注意を呼びかけたくなる気持ちはわかる。しかし花見とは一体何か、花見の文化的な背景をただの一言も説明せず「トラブルを起こすな」「注意しろ」というのは、花見をする日本人ばかりでなく、イラン人をもばかにしているようにしか思えない。「日本のお花見の習慣に理解を求める」とか「日本の慣習を知ってもらう」といった警察の談話がむなしく響く。

そもそも「花見」にあたる言葉は外国語にはない。どう訳したのだろうか。ちゃんと花見を説明せずに心配や不安だけを語っていては、花見の「理解」など無理だろう。

青山墓地では、外国人グループが何組も花見をしているのを私も知っている。たとえ難しくともめざすべきは、うまく共同で花見ができるように情報だけでも提供することだ。この考えが理想主義的で、実現が難しいことは私もわかっている。しかし花見を説明できないままで終わるのは日本側として情けない。もっと胸を張って、「日本の文化だ。本来は美風だが、不心得者もいるので気をつけてくれ」

と言って欲しい。

❖花見も国際理解の場

翌年の週刊誌（『週刊朝日』一九九二年四月十日号）には、上野の花見とイラン人についてのルポが載っている。この記事によれば、警官に尋ねたところ、「トラブルは絶対にありません。イラン人は酒を飲みませんから、遠巻きに見ているだけです」との答えだった。上野に集まるイラン人は一五〇〇人を超える。花見客は二一万人以上だが、トラブルはないと警官は「安心しきった様子」とある。ところが「二人のイラン人が大声を上げて花見の輪の中に入っている」し、ビールも飲んでいる。彼らは遠巻きにして見物するだけではない。上野署が公園内に設置した防犯本部には「自分たちも花見をしてみたいが、どうすればいいのか」と尋ねに来るイラン人がいるという。それが普通だろう。

「あなた方はなぜこんなに群れるの？」と東京の公園に集まっているイラン人に聞くと、「友達に会うためさ。だけど日本人はなぜそんなに気にするのか」と問い返してきた。

（岡田恵美子「イラン人はなぜ『群れる』」、一九九三年六月二十四日付朝日新聞朝刊）

ここで扱われているのは、花見時だけではなく、イラン人が群れること一般である。先に情報交換や就職活動のために集まるのだと紹介した。イラン滞在が長い岡田によれば、「集まったイラン人は家族や友人のうわさをしたり、仕事の情報を交換したり、たわいのないおしゃべりにふける。故国にいれば、友人の家に集まってするごく普通の楽しみなのである」という。日本人の花見と同様、人との楽しい交わりにすぎない。花がなくても、日常的に会話を楽しむのである。日本の花見は、イラン人の群れる行為が季節的に特化したものとでも考えてみればいい。イラン人をよそ者とみて警戒するのか、同じような楽しみを別の形で行う人々だと理解するのかで、対応はずいぶん異なる。異文化理解の問題は、国外にのみあるわけではなく、花見もそんな場の一つだ。

「私たちの社会はよく『村』に譬えられる。村に定住する人々にとって、旅人や外国人は歓迎されない『よそ者』である。ましてそれが大勢で群れていればなお更である。こうして『群れるイラン人』を日本人が『気にする』こととなったのであろう」。こう理解する岡田の思いを引き取って、さてわれわれはどうすればいいのか。花見に引き寄せて考えてみたい。

花見の現状が、すべて肯定できるものではないのは明らかだ。花見の座が、多くは「村」に似て内向きの輪であることは否めない。花の下に、臨時の小さな村々が生まれるとの見方ははずれてはいない。だが、それならこれを解体すればよいのか、禁止すればすむのか。人と人との交わりが長い歴史を経てつくりあげられてきた必然性にもとづくものであればこそ、その上にたって考え直すほかない。世界に例のない庶民的な楽しみを「美風」として保持することが必要だろう。現代の花見のあり方は、日本を問い直すことにもつながるはずだ。

❖四月一日始期の起源

花見はその時期からしても、社会システムと密接につながっているように思う。たとえば会計年度は、四月一日に始まる。予算の執行、人事の発令などすべて基本は四月一日が始まりになる。日本の風土と深く結びついているように見えるこのシステムだが、意外にルーツは新しい。一八六九（明治二）年に維新政府が取り決めた「出納司規則」では、会計年度の始期は十月一日とされた。これが四年後の一八七三（明治六）年には一月一日となった。さらに二年後の一八七五（明治八）年、それが七月一日に変えられた。めまぐるしい移り変わりである。現在の四月一日始期がスタートしたのは一八八五（明治十八）年である。

暦年からして、また文書や帳簿の記載などから考えると、一月一日始まりが合理的に思える。明治六年は、それまでの陰暦をやめ、新暦に改められた年である。これを機に明治政府が一月一日を始期とする新たな会計年度方式をはじめようとしたことはわかる。しかしその方式は、わずか二年間しか存続していない。

こうした会計年度の変遷は、どうして起きたのか、社会史的にも興味がわく大きな課題である。しかし私はまだこの課題に深く取り組む準備ができていない。花見を扱う本書では、四月一日始期の起源が春の始まりや桜の開花などとまったく無関係だとはいえないだろう、との示唆にとどまる。

学校制度にも四月一日始期がある。国が深くかかわる初等中等教育では、国の会計年度とも連動するから、必然的に同じ始期になったと考えることはできる。しかし、入学期日についても四月一日と定められたそのルーツがはっきりしない。私がざっと調べた結果では、文書に明記されたのは一九〇〇（明治三十三）年が一番古い。満開の桜の下、校門をくぐって入学式といったイメージができたのは、ここ百年ほどのことらしい。明治前期は近代学校制度の確立期であり、就学率の上昇スピードは意外に速かったが、いまのように高くはなかった。一〇〇パーセントの就学率にまだ達していない時、入学時期は一律ではなかったようだ。入学時期をいつにするかは、明治政府が諸外国の例を調べ、種々検討したはずである。おそらく欧米諸国の学校システムをにらみながら決めていっただろう。現在多くの欧米諸国の入学時期、学期の開始は九月である。ところが日本は珍しく四月一日になっている。それはどうしてだろうか。

現在では入学期日は学校法に規定され、学校教育法施行規則第四四条で「学年は四月一日に始まり翌年三月三十一日に終わる」と明記されている。しかも春休みが終わり実際の始業式が行われ、あるいは入学式が行われるのは、四月八日頃である。初めて校門をくぐった小・中学校の入学式、新しいクラスメートに出会うことになる始業式の記憶が、桜と結びついている人は少なくないだろう。本州中央部、とくに東京の桜の時期が基準になっていて、全国的に一律とはいえないものの、おおむねこの時期は桜の季節に含まれる。われわれのライフサイクルの上で、節目になるのは四月であり、しかも桜がその指標の役割を果たしていることは否めない。花見の行事は、多くの人にとっての人生の節目の時期に行われる点で、日本人の生活と切り離しがたく結びついている。だからこそ現在もすたれることなく継続し、しかもにぎわっているのだろう。ただ単に庶民的な娯楽、大衆的な楽しみというにとどまらず、花見は現代の日本社会のシステムの一つとして機能している。

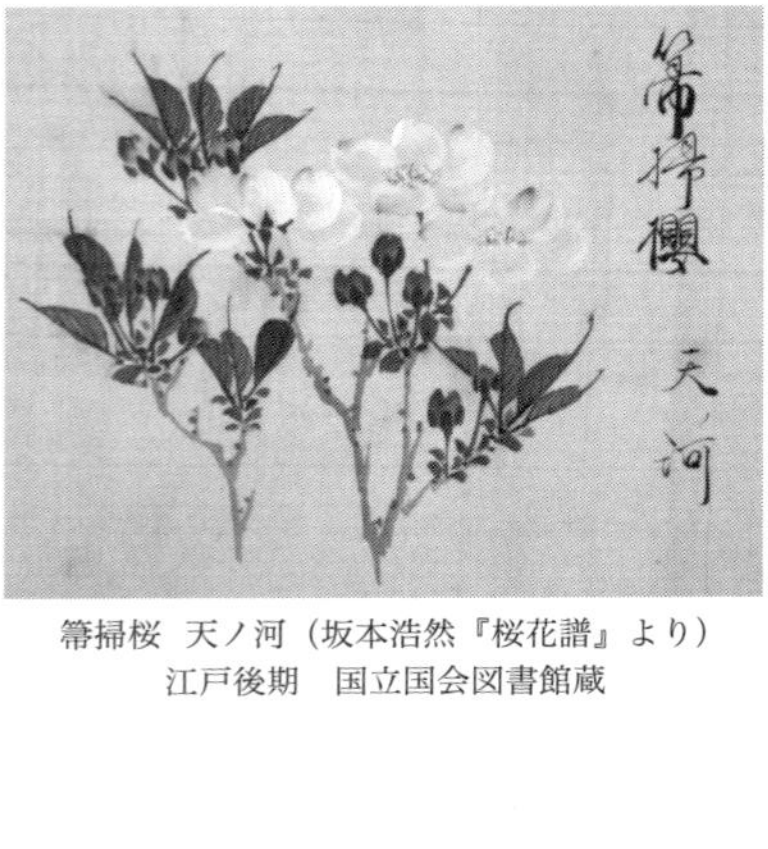

箒掃桜　天ノ河（坂本浩然『桜花譜』より）
江戸後期　国立国会図書館蔵

終章　花見の根源を考える

社会人類学・社会心理学的花見論

歌川広重《東都名所　隅田川花盛》部分

❖なぜ日本にしか花見はないのか

現代社会においても花見は盛んである。古代に行われた花見との、さまざまな違いを指摘することは簡単だが、桜の開花をきっかけに、群れ集まって共食する基本的な行為にかわりはない。要するに日本人は千数百年にわたって花見を続けてきた。

なぜこれほど日本人は花見を続けてきたのか。なぜ世界に類のない行動を千年以上にもわたって続けてきたのか。奈良・平安朝から、鎌倉・室町・桃山期と一貫して為政者が豪勢な花見を行ってきた例は枚挙にいとまがない。そして江戸時代にはそれが民衆娯楽化し、庶民のものとして誰もが参加できる娯楽に転化する。少なくとも江戸中期以降の花見は、公家も武家も農民も商人も、そして都市の下層民ですら楽しむことができる行事になっていった。もともと儀礼としての権力誇示の花見があり、また饗応の花見、支配・被支配の確認のための花見、すなわち政治の延長としての花見があった。そこから、共に飲み共に食う「集い」としての花見が、より強まっていく。江戸中期以降に普及していく花見には、上下の身分の違いを越えた性格が備わっている。それは権威・権力の発揮・発現とは縁遠い、各階層にわたって共通する娯楽としての性格である。

したがって現代的な意味での花見が本格的に成立したのは江戸中期である、というのが私の考えである。そんな性格を引き継いだ花見がいまも行われていることの中に、他の社会とは違う日本社会の性格があらわれていると考えるべきだろう。

けれども、もちろん花を愛でる心情は世界中に広く存在する。花を観賞する行動は各地にみられる。また飲食を共にする習慣は世界中どこにもある。酒を酌み交わすことも各地に存在する。そして多くの人びとが一つの場所に集まるのも世界中にみられる。ところがこの三つがすべて同時に行われることは世界中にない。群れ咲く花、酒と食物、群れ集まる人——私が花見の三要素と名づけた「群桜」「飲食」「群集」の三つが同時に存在する「花見」は、日本以外どこにも見られない。

海外で唯一花見が行われているブラジルにしても、日系人が中心であり、そもそも日本の習慣として持ち込まれたものであることは明らかである（第三章参照）。

日本にしか花見はない、こう言ってよい。そこで、なぜ日本にしか花見がないのか、との問いが生まれる。この明確な問いからはじめて、その理由を解き明かそうとした試みはこれまでまったく見られない。そのような問題意識なしに日本の花見をあれこれ論じることだけは数多くおこなわれてきた。それも必ず「桜」から入ってゆく方法である。

桜論については、すでにこれまでの章で批判を含めて検討してきた。「桜」から見るのでは、日本人の美意識や季節感を繊細優美だといって自画自賛することで終わる、といった結末になりかねないし、じっさいすべての桜論がそうであった。ましてや、花見は本当に日本独特の行事なのか、世界に見られないものなのか、といった問いにも答えられなかった。花見が世界にないユニークなものだとしても、桜だけ論じていては、なぜ日本に生まれしかも今もこれほど広く行われているのか説明できない。したがって次に必要と思われるのは「飲食」と「群集」から考える方法だろう。

一、共食と贈与からみた花見

❖共食がもつ団結の力

花見のルーツには、貴人による「宴」と農民による「春山行き」とがある。飲食を媒介とする人と人との関係、とくに支配・被支配のあり方は、宴という特別な食事のなかに象徴的な姿をみせる。花見はつねに宴であったが、その核心はやはり飲食を共にするところにあった。

飲食を共にすることによって心を同じくできるとの思想は、すでに古くからあった。『日本書紀』継体天皇二十一（五二七）年六月三日の条に、筑紫の国造《くにのみやつこ》、磐井《いわい》が、六万の軍勢を率い使者として任那《みなま》に赴く近江毛野臣《おうみのけぬのおみ》に向かって「昔は吾《わ》が伴《ともだち》として、肩摩《す》り肘触《す》りつつ、共器《おなじけ》にして同食《ものくら》ひき」（昔は仲間として、肩や肘をすり合わせ、同じカマの飯を食った仲だ）。だから、今でこそお前は大した使者になっているようだが（同格の）仲間だった俺を従わせることはできない、と述べたという（岩波文庫『日本書紀』三）。

新羅に敗れた国の復興をはかることを命ぜられ、任那支援に向かう毛野臣に対して、新羅と通じていた磐井がその進路を妨害したとの記述であるが、共食によって心が一つになるという思想が早くから存在していたことの例証として原田信男が挙げるところである（「食事の体系と共食・饗宴」、『日本の社会史』第八巻所収）。もっともこの思想は日本に限らず諸民族に、古くはほぼ共通するところであったろう。

飲食と団結の深い関係は、日本の中世に頻繁に現れる「一味」という表現に典型的にあらわれる。「一味」とは「味が単一なこと」であるが、十七世紀初頭の『日葡辞書』では「一つの体、または合併とあり「イチミニナル（一味になる）＝合併して一体になる」の用例が挙げられている。「現代ではもっぱら悪事を企てる仲間をいう」（『日本国語大辞典』）言葉になっているが、この飲食にかかわる表現は、かつて「ひとつ心」をあざやかにあらわすものであった。そこから「一味同心」という表現も生まれたのである。

そこで「一味同心」は「同じ目的の下に力を合わせ、心を一つにすること。また、その人々」の意味になる（『日本国語大辞典』）。中世までは、共食が団結を生み出し維持する大きな源であり、近世に至っても共食がもつ団結の力はほとんど衰えていなかった。

❖垂直構造から水平構造の宴へ

だが共食を伴う宴は、一つ心の創出と維持をめざすものとはいえ、もともとは同一平面上での団結ではなく、主従関係の確認や身分・地位の差異を明らかにしつつ、上下の結びつき、タテ軸の団結をはかるものであった。

飲食と上下の関係にかかわる行為として食物下賜がある。身分の高い限られた人々（貴人）による饗宴ののち、その食べ残しが従者に与えられる「下し物《おろしもの》」はその典型である。原田信男は、この慣行を読み解いて「中世に慣習として成立していた下し物という食物下賜は、もちろん単なる給与ではない。……主人と従者による一種の共食と考えるべきだろう」という。すなわち「従者が、主人と全く同じ食事をするのではなく、その一部を主人から下賜されるという形での部分的な共食を行うことによって、身分的相違を認識しつつ精神的同一性の確認が主従間でなされるのだ、といえよう」と結論づける。

しかも「下し物」は、神事《かみごと》の系譜をひいている。神に捧げた神供を取り下げることおよび取り下げた供物を「下し《おろし》」と称し、これを神前で祭祀者らが食するのが直会《なおらい》である。直会は、神と人とが共食することであり、供される物は神から下される飲食である。しかも、より強く神につながる祭祀者を上位に置く宴会の構造をもつ。共食とはいえ、神から祭祀者へ、さらにその下へと与えられる上下の関係をもった宴であった。そこでこれをタテ型の「垂直構造の宴」と呼ぶことにしよう。

古代における宮廷儀礼としての宴は、「儀式—直会—饗宴」の三部構造でとらえられる（倉林正次『饗宴の研究』）。この全体が神事としての宴会であり、三部構造のはじめの二部である(日)「儀式」、(月)「直会」は聖なる領域に傾いているが、(火)「饗宴」の部はのちにそこから「無礼講」が生まれるのであり、俗なる領域拡大の母胎になる。すなわち「饗宴」の部は、飲食が上から与えられる上下の関係をはなれ、ヨコ型の「水平構造の宴」へ向かう。

『伊勢物語』に見られる惟喬親王と在原業平の花見は、第五章で取り上げたように「酒をのみ飲みつつ、やまと歌にかかれりけり。……上中下《かみなかしも》みな歌よみけり」とある。このように平安時代には、タテマエの上でか、修辞上の表現である可能性があるとはいえ、上中下の身分にとらわれず皆がいちおう同等の関係をもって行われる場面が花見にはあった。すなわち「水平構造の宴」が貴族の行事である花見に存在した事例がなくはない。しかしこれらは例外的に出現したものであり、あくまで上からの宴の企画があってこそ起こりうるものだった。

花見は、宮廷儀礼としての宴を一方のルーツにしている。したがって当初は儀礼・神事の性格を残した三部構造の宴であったと思われる。だが、江戸中期に生まれる本格的な花見では、第三部の饗宴の部分が中心となり、直会もこれに吸収されて、儀式部分は消去された「宴会」になっていったと考えることができよう。

花見のもう一方のルーツである「春山入り」の農民慣行も、①冬を持ち去る山の神、春の芽吹きをもたらす田の神に神供を捧げる儀式、②その供物を取り下げて行われる直会、③その後の会食（貴族の「饗宴」にあたる）といった三部構造があったとみてよい。しかしのちに、村中総出で山に向かう行事になってゆくと、①②の「儀式—直会」の部分はどんどん矮小化され、皆が共食するにぎやかな③の「会食」部分が主要な行事になって、全体が「宴会」化していったと考えると納得がいく。

花見は、「饗宴」が肥大化した宮廷行事と、「会食」が肥大化した農民行事とが結びついてできあがった「宴会」であった。江戸中期に民衆的な花見が開花したことを第四章で取り上げたが、とりわけ農村との接点である都市周辺部に花見の場所が誕生したことも、農村の農民行事と宮廷起源の都市行事が結びついて生まれたことで説明できよう。しかも貴族・農民どちらの宴も垂直構造から水平構造へと重心を移していた。そのため、この二つが江戸中期の都市周辺部で出会うことで生まれた花見は、「水平構造の宴」の性格を強く持っていたのである。

❖贈与論による花見分析

花見に飲食がつきものであることの理由は、贈与論を援用することでさらにもう一つの説明を加えることが可能になるように思う。贈与論は近代的な経済システム誕生以前の財の交換体系の存在を浮き彫りにし、根源的な交換やそれを支える規範を明らかにしようとしたものである。フランスの社会人類学者マルセル・モースが公表した『贈与論』（一九二五年）は、宗教・道徳・法・経済が未分化な近代以前の社会規範のシステムを解き明かしたものとして脚光を浴び、その後の研究の進展を促した。しかもこの理論は前近代社会の解剖に使われるのみならず、近代社会の慣行、秩序観などの分析にも援用可能である。

文化人類学、社会人類学の領域では、先進国以外の地域における贈与が数多く取り上げられてきた。

だが、先進国のモデルである近代西洋社会においても、お返しの期待や義務を伴わない贈与が存在する。その理由は、一つには西洋社会に根づいたユダヤ＝キリスト教的な贈与観によるものと考えられる。キリスト教が奨励した、教会への寄進を善行とみなす教えや、貧者に対する贈与も、キリスト教の教義にかなうとする考えなどから、一方向に向かう贈与が社会に広く受け入れられてきたとみることができるのである。またイスラム社会で広く見られる他者、とくに貧者に対する喜捨も、上から下への一方向の贈与とみなすことができる。

ここでは贈与論や財の交換の理論的な検討が課題ではなく、花見が日本に独特の行事として存続していることとの見取り図を描くことが目的である。したがって深入りはしないが、西洋社会・イスラム社会における贈与に垂直的性格が濃厚なことは注目に値する。他方、西洋社会・イスラム社会に比べると、日本では贈与の水平的性格が感じられる。現代においても日本社会の贈与交換には、当事者間の不均衡を調整してその極小化をはかる同調原理が強く働いているのではないか（伊藤幹治「贈与と交換の今日的課題」、『贈与と市場の社会学』所収）という考えは、日本に独特の行事という観点から花見を分析するには有効な視点だと思われる。

近世以来、日本社会では冠婚葬祭の贈りものを記録・記憶して、ほぼ等量・等価の物を返すという慣行が広く定着している。しかもその中で食物の占める割合がきわめて高いことが指摘されている。同様の傾向は東南アジアや北アフリカなど他の地域にも見られるというが、先進国でありながらこうした慣行が根強い日本は、やはり特異な傾向を示すと見てよい。

❖花見は時と場を同じくする「贈答」

民俗学ではこうした日本社会の贈与・交換の特徴を、共食モデルによって説明する考えが一定の支持を受けている。その共食モデルとは、およそ次のようなものと理解できる。――贈りものはもともと神に対する供物であり、それが下し物となって祭祀者と神とで共食された。それがのちには広く祭りに参加する人々の間での共食に変容していった。そうして等量・等価の飲食を、同じ時、同じ場で分かち合い共食する延長線上に、人々の間で贈りものがやりとりされる「贈答」がうまれたとする（和歌森太郎「村の交際と義理」、『和歌森太郎著作集』九）。すなわち贈答とは、時と場を同じくしない共食である、と見るのである。

日本社会における贈りものが「贈答」と呼ばれるのも、相互に均衡のとれた等量・等価の贈与という、「贈りもの」と「お返し」がセットになった互酬制の観念が強く働いていることとの反映である。しかも飲食物が占める割合が大きいことも「共食」の心理が底流にあるとの見方を補強する。

欧米社会では、贈りもののなかで食物の占める割合は相対的に低いといわれる。たとえばカナダのウィニペグ市での調査（一九八〇年代）によれば、贈りもの全体のなかで食物の占める割合は三・六パーセントにすぎないとの報告がある（伊藤幹治、前掲書）。他方、日本でのお中元、お歳暮の盛んなことと、その中で食物の占める割合が大きいことは、経験的にもよく知られるところである。日本での例を挙げると、栗田靖之が詳しく調査した一九八〇年の京都では、ある期間に一家族が贈り、受けとった贈答二五件のうち一九件が食物（ノリ、ハム、バターなど）であった（『日本人の贈答』）。

日本ではかつて、下賜されるものを「贈物」、上位の者に進上されるものを「進物」と称して区別していたが、それが上下のやりとりを思わせない「贈答」という表現に一本化されてきた。これは先に述べた「垂直構造の宴」から「水平構造の宴」への変遷と並行した現象と見ることができる。また、会食に欠席した者へ食物を送り届ける「送り膳」や、会食に招かれていない者への「おすそ分け」という習俗がある。さらに、会食者に食物を包んで持ち帰らせ、その家族にも食事の一部が及ぶようにさせる習慣もみられる。これらにはいずれも「共食」の範囲を拡大させたいとの心情がはたらいている。共食の範囲を広げて団結の強化と拡大を願っているのである。

このように見てくると、贈与は宴の共食を源流の一つとしており、花見はとくに食物の平等なやりとりとして現代の贈答の隆盛とつながるものだろう。花見は「時と場を同じくする贈答」であり、中元・歳暮は「時と場を同じくしない花見」と言い換えてもよい。そうであるからこそ、花見は日本の現代社会においても衰えることなく盛んに行われているのである。花見の三要素として「飲食」が欠かせないのは、日本における宴会の変遷史と、日本の贈与・交換の特徴を背景にしているからである。

二、集団と団結からみた花見

❖「ひとつ心になるため」の酒

では花見の「群集」の要素は、なぜ生まれてきたのか。この説明には人が集まる理由を考察することが必要だろう。人が集まる理由は、団結を高めるためだとの一つの説がある。柳田国男はこれを「伴を慕う心」ととらえた（「伴を慕う心」、昭和六年公表、『明治大正史・世相編』所収）。この文章の冒頭で柳田国男は、「団結は最初から共同の幸福がその目的であった」と断言する。つまり園田英弘が言うように、柳田は『団結』とはそれ自身が達成されるべき目的ではない。それは『共同の幸福』のための手段である」と述べたのである（園田英弘「『団結』から『集い』へ」、『宴会とパーティー』所収）。

柳田のこの文章の内容は「団結の変遷」と呼ぶべきものだと園田英弘は喝破したが、じっさい明治維新後「徳川時代の安定的な社会の秩序が崩壊したことが背景となって」（園田、前掲書）あらたな団結が問題になったのである。そうして雨後の筍のごとく数多くの団体が生まれ出た。一つの農村内に青年団、家婦会あるいは娯楽会、敬老会、消防組合などがそれこそ無数に誕生したのだが、それらがどれほど機能したか、農村にたしかな位置を占め得たかはさまざまである。

しかし「会や組合の無際限に出現し、一つ纏《まと》まったらまた二つに割れようとする傾向」がある（柳田、前掲書）とはいえ、そのような「集い」の組織化は「新しい社会への不安」から出ていた。そしてその底流を探れば、「孤独の淋しさ」があり、つまるところ「伴を慕う心」があった。

柳田国男は、「団結の変遷」を見るのに、もう一つの切り口を用意した。「酒の飲みやうの変遷」（昭和十四年公表）は、かつての酒は「ひとつ心になるため」であったとの考えを強く打ち出したものである。「昔は酒は必ず集まつて飲むものときまつて居た。手酌で一人ちびりちびりなどといふことは、あの時代の者には考へられぬことであつた……」（『木綿以前の事』）。

「あの時代」とは、おおよそ明治以前のことを指していると思われるが、そうすると柳田の説は肯定しがたい。独酌は江戸時代にもなくはなかった。もちろん酒が瓶詰めで出回り、酒屋の店頭に商品として並んで、いつでもどこでも購入できるようになるまでは独酌はさほど広まらなかったとはいえよう。しかしこの点にこだわらなければ、たしかに酒はもともと大きな盃を回し飲みにする共同体の酒であり、団結の酒であった。

酒は味わうよりは酔うためのものであり、「酒のもたらす異常心理を経験したい」がために飲むものであった。酔いがもたらす「異常心理」によって、それまでのわだかまりや対立が「ひとつ心」へと向かうことが期待され、また経験的にもその効能ありと認められていたのである。「孤独の淋しさ」や「伴を慕う心」は、酒によっていかほどか、あるいは大いに解消され、満たされうることが了解されていた。団結が堅くなるかどうかはたしかでないにしても、孤独の淋しさが癒され、伴を慕う心が満たされる集いが実現すれば、それは「共同の幸福」といえたのである。

❖小集団がつくる花見の大群集

「集い」とはいえ、一時的な花見の「群集」は、団結の強化を直接の目的としているようにはみえない。花見の集団の一つ一つは、顔がわかり個々人を認識できる程度の規模でできあがっている。数人から数十人までの集団である。しかし花見の場にはこうした小集団が数十から数百集まり、全体として数千・数万の人数にまで及ぶ。弘前城公園や上野公園など全国的に名が知られた花見の場には大群集が集まる。花見の群集は、小集団を単位とした大集団をつくるのが特徴である。

小集団は共食を行い、共同の酒をのむ。程度の差はあれ、孤独の淋しさから逃れ、伴を慕う心が満たされると思えばこそ小集団はつくられる。だが、もしただ一つだけの小集団が花の下で花見を行っていたとしたら、これは淋しいものだろう。背後に大群集があるからこそ、小集団は生き生きと共同の飲食に及ぶ。小集団の「ひとつ心」は大集団の存在に支えられ、少なくとも大群集のさらに大きな「ひとつ心」につながっていると観念するのである。

小群集は世界各地の宴会やパーティーで見られるものだ。日本だけのものではない。したがって花見の特徴は、やはり小集団を支え、盛り上げる大群集の存在であり、その大がかりな舞台装置というべきものが「群桜」なのである。

のちに社会心理学として分化してゆく母胎になった社会学の初期の理論では、群集は二つに分けて考えられた。「能動的群集」と「受動的群集」である。前者には暴動やリンチなどにみられる攻撃的なもの、あるいは災害時にパニック行動をおこすような群集が分類され、その行動を問題行動として分析する視点があった。このような「能動的群集」の心理を解き明かすことが社会心理学の課題であり、研究テーマのほとんどはこれを対象にしていた。

他方、後者の「受動的群集」は「聴衆・会衆」と表現され、それがさらに「偶然的なもの」と「意図的なもの」に分けられた。そして後者「意図的なもの」のなかに「娯楽的」と「情報収集的」の二つがあるとされた（ブラウン「大衆」、青井和夫訳『社会心理学講座Ⅶ』所収）。

❖日本の概念でしかあらわせない花見の特徴

以上の分類からすれば、花見の群集は「受動的」で「意図的」な「娯楽的」群集になる。「娯楽的」とはおそらくコンサートに集まる聴衆などが想定されていたはずだ。また「情報収集的」といわれるものは、講演会の聴衆や趣味を同じくするクラブのメンバーなどが考えられていたと思われる。これらの群集は真剣な分析の対象にならなかった。なぜなら問題行動に及ぶことがほとんどなかったからである。

社会心理学は、集団の問題行動を取り上げても、「群集」という集団と呼ぶには団結性の弱い、多数の人々の「あつまり」をほとんど研究してこなかった。なぜ人は群れるのか。具体的にいうと、なぜ人は花見のような混雑した場に集まってくるのかは説明しない。

そもそも花見の群集は「娯楽的」と言い切れるか、「情報収集的」な面はまったくないのか。また「意図的」ではなく「偶然的」な面はないのか。個々の小集団の形成は意図的であるにしても、全体としての大集団に偶然的な面はまったくないのか。そんな疑問がわく。

だが、西洋に見られない花見行動は、西洋生まれの社会心理学が扱わず、従ってこの理論を日本に適用しようとする日本の社会心理学は、花見など眼中になかった。日本に生まれる群集の特徴は、日本にある概念で分析するほかないだろう。

小集団である花見の個々のグループの背後に大群集が存在しても、それが小集団のまとまりを傷つける阻害要因とならず共存できるのは、「共同の幸福」の実現に阻害要因とはならないとの認識があるからだというほかない。気の合った者同士で行われる花見は、心から楽しめて、「共同の幸福」を感じることができるものだ。そうでなければその小集団のまとまりは瓦解し即刻解散となるか、翌年は決して行われることはないだろう。花見の小集団が毎年無数にあらわれ、大群集を形成して衰えないのは、小集団で実現される「共同の幸福」が大群集にも及ぶものと感じられるからである。自分の属する小集団だけではなく、見も知りもしない周囲の大群集にも「共同の幸福」が感じられており、それは宴のごちそうのおすそ分けのように、広い範囲に及んでいると感じられるからにほかならない。

このような集団、すなわち「小集団の連鎖的結合」による大群集の形成を、借り物の外国の概念に頼らず、日本にある表現を使うとすれば、「貴賤群集《きせんぐんしゅう》」であろう。身分の上下、貴賤を問わず群集する。これこそ花見の大群集の特徴をあらわす日本の概念である。

❖「貴賤群集」は花見を知る鍵概念

明和九（一七七二）年刊の『再校江戸砂子』には、品川御殿山の桜に「毎春花見の貴賤群をなす」との一節があった（第四章参照）。また寛政六（一七九四）年の小金井の桜を述べた文章に、

此節満花して、そのながめいふべからず。江戸近なれば貴賤群集して繁盛すべし。
（古川古松軒『四神地名録』）

といった一節がある。小金井の桜はまだ世に知られておらず、花見客は少ないが、これが江戸市中に近かったなら「貴賤群集」することだろうというわけで、江戸市中の桜の名所は、階層を問わない群集が入り交じってにぎわっていたことが想像できる。

それより百年以上も前の寛文六（一六六六）年、上野の花見の様子は、「老少相雑し、良賤相混る」（『国史館日録』）であり、年齢も身分も違う人々が混じり合って群集をつくっていたと記されている。対馬藩の城下町府中でも、十八世紀半ばの花見の思い出を藩士の中川延長が述べている。「十二三の比《ころ》は、春毎に花見とて、近所の人々申し合せ老若男女をいはず、重の物など持て、桜馬場に花見に行

し也」（『楽郊紀聞《らっこうきぶん》』）。

明治三十一年刊の書物には、

旧暦三月上旬には、花見と称へ一般に野遊びをなす。或《あるい》は親類を集め、或は心安き仲間を誘ひ、多勢打ち寄り酒肴の用意をなし、各々郊外に到り、小山の上又は高地の野原、又は河原、海岸等眺望のよき処を択《えら》び芝生を席とし、酒もりを為す。婦女子も皆其《その》席に連《つらな》り、太鼓・三味線等を持ち行き、終日愉快に騒ぐなり。

（『薩摩見聞記』）

とある。

「老少」「良賤」「老若男女」「婦女子」――さまざまな表現が見えるが、江戸でも対馬でも薩摩でも、日本の花見を数世紀にわたって特徴づけてきたのは、「貴賤群集」にほかならない。

花見の場に幕を張り巡らし、小集団が他の集団を排除するやり方が行われた場合に、厳しい批判の言葉が投げかけられたであろうことは、次の浄瑠璃からも想像できる。京都の清水で美しく咲いた桜のもとに「老若男女おしなべて、袖をつらね、くん（群）をなす」状況が生まれていたが、そこを占領せんばかりに幕をめぐらせ花見をする集団があらわれる。彼ら狼藉者をこらしめる主人公公平（金平・きんひら）の言葉――。

それ世の常の花だにも、万民の眺めとす。……貴賤《きせん》こぞって群集《ぐんじゅ》する木のもとに幕うち回しふさぐ事、月を隠す雲とや云わん……

（「公平――花見――」、『金平浄瑠璃正本集成』）

これを記した近世中期の人物にとって、雲は月を隠せても、花見は権力者であれ、なんびとも妨げることができない当然のふるまいであり、もはや身分上下の別なく集う行事以外に考えられなかったのだろう。それは民衆の心を代弁するものだった。江戸中期にいたり、身分を超え、階層を超え、群集できるようになったのは、平安期の「上中下《かみなかしも》」という萌芽的表現からはじまり、つちかわれてきた群集行動の蓄積にほかならない。「貴賤群集」こそ、なぜ日本人は花見に集うのかを解く鍵概念であり、日本の集団をつくりあげる原理の一つなのである。

あとがき——日本ではどこでも花見が行われるか？

一本二本の桜ではなく群れ咲く「群桜」、酒と肴の「飲食」、そして一人二人ではなく大勢で群れ集う「群集」。この三つがそろってはじめて花見が成立する。どれ一つが欠けても民衆的な花見は成立しない、という私の定義から考えると、西洋に花見はない。西洋からさらに対象を広げて「世界に花見はあるか？」との問いを立てて、世界各地の事情を調べた結論は「花見は日本にしかない」であった（第三章）。

だが、じつはさらに深く大事な問いを忘れていた。それは「日本ではどこでも花見が行われるか？」である。

じっさい沖縄には、九州・四国・本州で行われるような「花見」がないらしいのだ。何人かの沖縄出身者に尋ねたが、みな口をそろえて、沖縄では桜が咲いたからといって大勢で飲み食いをしたりどんちゃん騒ぎをしたりしない、したがって桜の下での場所取りなんかないのだと語ってくれた。インターネットで沖縄への旅行体験記を読んでいても、「花見の様子が違う」「飲み食いがみられない」との報告ばかりが目につく。

序章でも述べたように、花見には二つのルーツがある。貴族の花見と農民の花見である。奈良時代の貴族は、はじめ中国から伝わった梅の花を愛でる梅花の宴を行っていた。それが平安時代になると日本土着の桜の花に関心を向けるようになり、桜花の宴が盛んになって、ついに桜が花見を代表する「花」になった。

一方、農民のあいだには春、桜の咲く頃に酒や食べ物を携えて付近の小高い丘や山に登り、花のもとで飲み食いをして一日を過ごす「春山行き」「春山入り」などと呼ぶ行事があった。それまで冬を支配していた神を山に送り帰し、田の神を里に招く行事である。これは同時に、花の咲き具合によって、稲の出来具合を占う農事としての「花見」であった。

この二つ、つまり貴族的な文化と農民的な文化とが結びつき、江戸時代中期に都市の庶民の楽しみとして広く定着した。

花見が行われる時期や行事の内容を考えると、宮廷貴族の儀礼も水田稲作農民の儀礼も、ともに春の季節、植物が旺盛に芽吹きする生命力を感じて、仲間とともに宴の場で祝い事をするところが共通している。ともに神事であり祝い事であり宴である貴族の花見と農民の花見。どちらも、千年以上の歴史を持っており、それが都市の庶民文化として現在にまでつながる花見を生んだと見ることができよう。背景には、畿内を中心とした宮廷文化と西日本を中心とした稲作文化がひかえていると考えられる。

沖縄は、徳川初期に薩摩藩の支配下に置かれたとはいえ、明治維新まで琉球王朝が続き、京都の朝廷とは異なる独自の宮廷文化を保持していた。また、琉球列島へ本格的に水田耕作が入ってきたのは十一世紀だと言われる。その後も徳川政権のような米中心の社会が広まることなく、水田稲作をもとにした農村構造を持たなかった。なぜ、沖縄では花見をしないのか。それは宮廷文化も農民文化も「本土」とは異なるからではないか。

沖縄の桜は場所によっては、一月の末にもう咲き始める。ほとんどが寒緋桜（カンヒザクラ）といって、ソメイヨシノのように淡い色でなく濃いピンクの花であり、また花びらが散るのではなく花全体がぽとりと落ちる。とにかく本土とは季節感も、花の色も、散り方も違うので、花見にはならないという意見も聞いた。

沖縄の人もこの桜を楽しむ。けれども、ほとんど見て通り過ぎるだけ。飲み食いをする群集は生まれない。つまり沖縄にはやっぱり花見がないらしいのである。

花見は宮廷行事と稲作農耕儀礼が結びついたものと考えてよい。ところが沖縄は畿内の朝廷とはべつの王朝であった。また、稲作農耕への依存も日本内地より薄かった。花見がないのはこうした背景も考えられる。

ついでに言うと北海道も花見は盛んだとはいえない。なぜか。住民のほとんどが明治以降の移住民であること、桜が咲く季節の問題、そして花見の源の一つである稲作農耕も明治以降にようやく可能になった、などなど。理由は少なからず考えられるが、先住のアイヌの人々が狩猟・漁労・採集を主とする民族で、花見の習慣がなかったことに注目したい。

日本人の起源をさぐる研究の中に、稲作をもたらした渡来系の人たちが日本列島中央部に入り、先住民を圧迫して南の琉球と北の蝦夷地に押し出したという説がある。これは沖縄と北海道に花見がないこととじつにうまく重なる。花見論からあえて思い切った説明を試みると、日本列島にやってきた「花見の民」が花見の習慣がなかった先住民を北と南に押し出してできたのが現在の日本列島の居住分布につながっているということになる。花見の習慣は、「日本人独特の……」というだけでは済まない問題を提起するものだ。

花見はたんなる遊興にとどまらない。花見は日本と日本人、そして「日本的なるもの」全体へのさまざまな問い直しを可能にしてくれるテーマだと思う。

二〇一五年二月

白幡洋三郎

後藤丹治他校注『太平記』(2)（『日本古典文學大系』35）岩波書店、1961
阿部喜三男校注『校本　芭蕉全集（発句篇、上・下）』（第1-2巻）角川書店、1963
岩田九郎編『諸注評釈　芭蕉俳句大成』明治書院、1967
白石悌三他校注『芭蕉七部集』（『新日本古典文学大系』70）岩波書店、1990
今栄蔵『芭蕉年譜大成』角川書店、1994
浅野建二他校注『中世近世歌謡集』（『日本古典文學大系』44）岩波書店、1959
小林芳規他校注『梁塵秘抄 閑吟集 狂言歌謡』（『新日本古典文学大系』56）岩波書店、1993
山澤英雄校訂『誹風柳多留』岩波文庫、1995
山路閑古『古川柳名句選』ちくま文庫、1998
小川和佑『桜の文学史』朝日文庫、1991
赤瀬川原平『仙人の桜、俗人の桜―にっぽん解剖紀行』JTB、1993

第VI章

笠信太郎『“花見酒”の経済』朝日新聞社、1962
井上忠司＋サントリー不易流行研究所『現代家庭の年中行事』講談社現代新書、1993
『現代家庭の年中行事― 366家族からの報告』サントリー不易流行研究所、1992

終　章

大野晋他校注『日本書紀』(3) 岩波文庫、1994
原田信男「食事の体系と共食・饗宴」（朝尾直弘他編『日本の社会史』第8巻）岩波書店、1987
倉橋正次『饗宴の研究』桜楓社、1965
マルセス・モース『贈与論』（有地享訳）勁草書房、1962
伊藤幹治他編『贈与と市場の社会学』（岩波講座『現代社会学』第17巻）岩波書店、1996
和歌森太郎『和歌森太郎著作集　第9巻』弘文堂、1981
伊藤幹治、栗田靖之編著『日本人の贈答』ミネルヴァ書房、1984
柳田国男『明治大正史　世相編』（上）（下）講談社学術文庫、1976（『柳田国男全集』第五巻、筑摩書房、1997）
園田英弘「『団結』から『集い』へ」（サントリー不易流行研究所編『宴会とパーティー』）都市出版、1995
柳田国男『木綿以前の事』岩波文庫、1979（『柳田国男全集』第9巻、筑摩書房、1997）
R.W.ブラウン『大衆』（青井和夫訳『社会心理学講座VII』）みすず書房、1957
古川古松軒『西遊雑記、四神地名録』（本庄栄太郎他編『近世社会経済叢書』第9巻）改造社、1927
中川延良『楽郊紀聞　対馬夜話』（鈴木棠三校注『東洋文庫』307、308）平凡社、1977
本富安四郎『薩摩見聞記』東洋堂、1898
室木彌太郎編『金平浄瑠璃正本集第3』角川書店、1969

Joe Hloucha, *Sakura ve Vichřici*. A. Neubert, 1928

第Ⅳ章

貝原益軒『花譜・菜譜』(生活の古典双書 7) 八坂書房、1973
西山松之助『花—美への行動と文化』(NHK ブックス) 日本放送出版協会、1978
三浦浄心『慶長見聞集』(『日本庶民生活史料集成』第 8 巻) 三一書房、1969
浅井了意『江戸名所記』(『江戸叢書　巻の 2』) 江戸叢書刊行会、1916
戸田茂睡『紫のひともと』(『戸田茂睡全集』) 国書刊行会、1935
新井白石「折たく柴の記」(松村明校注『日本古典文學大系』95) 岩波書店、1964
「有徳院殿御実紀附録 巻 16」(新訂増補国史大系 46『徳川實紀 第 9 篇』) 吉川弘文館、1966
「御場御用留」(『東京市史稿　遊園篇　第 1』所収) 東京市役所、1929
菊岡沾凉『続江戸砂子』(小池章太郎編『江戸砂子』) 東京堂出版、1976
「銀杏栄常磐八景」(『東京市史稿　遊園篇　第 1』所収) 東京市役所、1929
「隅田村名主坂田家書上」(『東京市史稿　遊園篇　第 1』所収) 東京市役所、1929
『江戸雀』(江戸叢書刊行会編『江戸叢書　巻の 5』) 日本図書センター、1980
藤田理兵衛『江戸鹿子』(『古版地誌叢書 8』) すみや書房、1970
『再校江戸砂子』(小池章太郎編『江戸砂子』) 東京堂出版、1976
『新編武蔵風土記稿』巻之 56 (『大日本地誌大系』〔3〕) 雄山閣、1957
塚本学『生類をめぐる政治』平凡社、1983
『有徳院殿御実紀』(新訂増補国史大系 45『徳川實紀　第 8 篇』) 吉川弘文館、1966
千葉徳爾『狩猟伝承研究』風間書房、1969
「享保世話」(『近世風俗見聞集　第 2』) 国書刊行会、1912
鶯谷吏陰『ひともと草』(『百万塔』) 金港堂、1892
『芭蕉紀行文集』天理大学出版部、1972
「南畝花見の記—大田直次郎述」東京都立中央図書館所蔵写本
「花見の日記」(『大田南畝全集　第 8 巻』) 岩波書店、1986

第Ⅴ章

谷崎潤一郎『細雪』(『谷崎潤一郎全集　第 15 巻』) 中央公論社、1982
中野孝次「桜」(『花下遊楽』) 弥生書房、1980
秋山虔他校注『竹取物語　伊勢物語』(『新日本古典文學大系』17) 岩波書店、1997
『古今和歌集』(『新日本古典文學大系』5) 岩波書店、1989
大峯顕「花は救いとなったか—西行のさくらの歌」(『花の変奏—花と日本文化』) ぺりかん社、1997
福井久蔵校註『菟玖波集』(上)(下)(『日本古典全書』) 朝日新聞社、1948、1951
西尾實校注『方丈記 徒然草』(『日本古典文學大系』30) 岩波書店、1957

Carl Peter Thunberg, *Flora Japonica:sistens plantas insularum Japonicarum* (Reprint) Oriole Editions, New York, 1975（『日本植物誌』）
安積澹泊『湖亭渉筆』（関儀一郎編『日本儒林叢書』第 12 巻）鳳出版、1978
チェンバレン『日本事物誌』(1) (2)（高梨健吉訳『東洋文庫』131、147）平凡社、1969
森銑三『齋藤月岑日記抄』汲古書院、1983
『明治天皇紀』（第 1-13、宮内庁編）吉川弘文館、1968-72
黄遵憲『黄遵憲與日本友人筆談遺稿』（鄭子瑜、實藤恵秀編校）早稲田大学東洋文学研究会、1968
黄遵憲『日本雑事詩』（実藤恵秀、豊田穣訳『東洋文庫』111）平凡社、1968
大河内輝声『大河内文書：明治日中文化人の交遊』（実藤恵秀編訳『東洋文庫』18）平凡社、1964
張偉雄『文人外交官の明治日本—中国初代駐日公使団の異文化体験』柏書房、1999
E. ベルツ『ベルツの日記』（菅沼竜太郎訳、第 1 部、上）岩波文庫、1951
田山花袋『東京の三十年』岩波文庫、1981
William Elliot Griffis, *The Mikado's Empire*. Harper& Bros., New York, 1876
グリフィス『明治日本体験記』（山下英一訳『東洋文庫』430）平凡社、1984
Edward Silvester Morse, *Japan Day by Day：1877, 1878-79, 1882-83*. Houghton Mifflin, Boston；New York, 1917（2 vols.）
E. S. モース『日本その日その日』(1)（石川欣一訳『東洋文庫』171）平凡社、1970
Sir Edward J. Reed, *Japan：its history tradutuons, and religions with the narrative of a visit in 1879*. J. Murray, London, 1880（2 vols.）
Mary Crawford Fraser, *Letters from Japan；a record of modern life in the island empire*. Macmillan, New York, 1899（2 vols.）
M. フレイザー『英国公使夫人の見た明治日本』（横山俊夫訳）淡交社、1988
Nitobe Inazo, *Bushido：the soul of Japan*（rev. and enl'd. edition）Student Co., Tokyo, 1905
新渡戸稲造『武士道：日本人の魂』（飯島正久訳・解説）築地書館、1998
Eliza Ruhamah Scidmore, *Jinrikisha Days in Japan*. Harper & Bros., New York, 1891
E. R. シッドモア『日本・人力車旅情』（恩地光夫訳）有隣堂、1986

第 III 章

『地球の歩き方 ワシントン DC '96-'97 年版』地球の歩き方編集室編、ダイヤモンド・ビッグ社、1995
外崎克久『ポトマックの桜—津軽の外交官珍田夫妻物語』サイマル出版会、1994
賀集九平『アルゼンチン同胞五十年史』誠文堂新光社、1956
賀集九平『世界の日本ザクラ』誠文堂新光社、1976
賈蕙萱、春日嘉一『日本と中国　楽しい民俗学』社会評論社、1991
中尾佐助『栽培植物の世界』中央公論社、1976
中尾佐助『花と木の文化史』岩波新書、1986
三好学『桜』（復刻版）冨山房、1980（初出、1938）

参考・引用文献一覧

＊初出個所のみ掲載

序　章

本居宣長「玉勝間」（『本居宣長全集』第１巻）筑摩書房、1968

第Ⅰ章

西山松之助「桜の文化史」（『日本の文様（18）桜』）光琳社出版、1985
和歌森太郎『花と日本人』角川文庫、1982（初出『花と日本人』草月出版、1975）
斎藤正二『日本人とサクラ—新しい自然美を求めて』講談社、1980
折口信夫「花の話」（『折口信夫全集２〈古代研究–民俗学編 第１〉』）中央公論社、1995
佐佐木信綱編『新訓万葉集』（上）岩波文庫、1954
高木市之助他校注『万葉集』（『日本古典文學大系』5）岩波書店、1957
小島憲之他校注・訳『万葉集』（『日本古典文学全集』3）小学館、1972
青木生子他校注『万葉集』（『新潮日本古典集成』21）新潮社、1978
和歌森太郎『日本民俗論』（『「家族・婚姻」研究文献選集』戦後篇２）クレス出版、1990（初出『日本民俗論』千代田書房、1947）
桜井満『万葉びとの憧憬』桜楓社、1966
桜井満『節供の古典　花と生活文化の歴史』雄山閣出版、1993
桜井満『花の民俗学』雄山閣出版、1974
『日本国語大辞典』（第８巻）小学館、1974
西山松之助『花と日本文化』（『西山松之助著作集』第８巻）吉川弘文館、1985
桜井満『万葉びとの世界 民俗と文化』（日本民俗学シリーズ 10）雄山閣出版、1992
山田孝雄『櫻史』講談社学術文庫、1990（初出『櫻史』櫻書房、1941）
谷川士清『増補語林和訓栞』名著刊行会、1990
本居宣長「古事記伝」（『本居宣長全集』第９巻）筑摩書房、1968
小川和佑『桜誌—その文化と時代』原書房、1998
『ケーベル博士随筆集』（久保勉訳編）岩波文庫、1928
本居宣長「直毘霊」（『本居宣長全集』第９巻）筑摩書房、1968

第Ⅱ章

『日葡辞書』（土井忠生、森田武、長南実編訳）岩波書店、1980
Engerbert Kaempfer, *Amoenitates exoticae*. 1712（『廻国奇観』）
E. ケンペル『江戸参府旅行日記』（斎藤信訳『東洋文庫』303）平凡社、1977
E. ケンペル『日本誌：日本の歴史と紀行』（今井正編訳・改訂増補版）霞ヶ関出版、1989
P. F. von シーボルト『日本』（中井晶夫他訳）雄松堂書店、1977-79
C. A. ツンベルク（ツュンベリー）『江戸参府随行記』（高橋文訳『東洋文庫』583）平凡社、1994

【サ 行】

【タ 行】

【ナ 行】

索　引

著者紹介

白幡洋三郎（しらはた　ようざぶろう）

1949年大阪府生まれ。1980年京都大学大学院農学研究科博士課程単位修得退学。農学博士。京都大学農学部助手、国際日本文化研究センター教授を経て、現在、中部大学特任教授。国際日本文化研究センター名誉教授。

主な著書

『プラントハンター：ヨーロッパの植物熱と日本』講談社選書メチエ、1994年（毎日出版文化賞奨励賞）→講談社学術文庫、2005年

『近代都市公園史の研究：欧化の系譜』思文閣出版、1995年

『旅行ノススメ：昭和が生んだ庶民の新文化』中公新書、1996年

『大名庭園：江戸の饗宴』講談社選書メチエ、1997年

A.M. コーツ『花の西洋史事典』八坂書房、2008年（共訳）他多数。

★本書は2000年にPHP新書として刊行された同タイトルの書籍に加筆したものである。また、新版では図版を大幅に追加し、索引を付した。

花見と桜　〈日本的なるもの〉再考

2015年3月10日　初版第1刷発行

著　者　白幡洋三郎

発行者　八坂立人

印刷・製本　シナノ書籍印刷（株）

発行所　（株）八坂書房

〒101-0064 東京都千代田区猿楽町 1-4-11

TEL.03-3293-7975 FAX.03-3293-7977

URL: http://www.yasakashobo.co.jp

乱丁・落丁はお取り替えいたします。

無断複製・転載を禁ず。

© 2015 Shirahata Yozaburo

ISBN 978-4-89694-185-2

関連書籍のご案内

人はなぜ花を愛でるのか

日高敏隆・白幡洋三郎 編
272 頁／四六判／上製
2,400 円

なぜ人は花に特別な思いを抱くのだろう？　そもそも、「花を愛でる」とはどのような行為なのか？　一見単純なようで非常に奥深いこれらの問いに、考古学・人類学・日本史・美術史・文化史など様々な視点から、碩学 10 名が果敢に挑む！

【目次】より
はじめに　日高敏隆
第 1 章　小川勝「先史美術に花はなぜ描かれなかったのか」
第 2 章　小山修三「六万年前の花に託した心」
第 3 章　大西秀之「花を愛でれば人間か？――人類進化研究に読み込まれた解釈」
第 4 章　渡辺千香子「古代メソポタミアとエジプトにおける花」
第 5 章　佐藤洋一郎「人が花に出会ったとき」
第 6 章　武田佐知子「花をまとい、花を贈る ということ」
第 7 章　高階絵里加「花を詠う、花を描く――文学・美術の中の花――」
第 8 章　秋道智彌「花を喰らう人びと」
第 9 章　白幡洋三郎「花を育てる、花を観賞する――花を愛でる美意識の歴史」

★表示価格は税抜きです。